NAS ASAS DO ÁGUIA

Cristiane Peixoto

NAS ASAS DO ÁGUIA

Talentos da Literatura Brasileira

novo século®

São Paulo, 2014

COORDENAÇÃO EDITORIAL Letícia Teófilo
DIAGRAMAÇÃO Luís Pereira
CAPA Elisa Medeiros
PREPARAÇÃO DE TEXTO Thiago Fraga
REVISÃO Fabrícia Romaniv
Novo Século

TEXTO ADEQUADO ÀS NORMAS DO NOVO ACORDO ORTOGRÁFICO DA LÍNGUA PORTUGUESA (DECRETO LEGISLATIVO Nº 54, DE 1995)

Dados Internacionais de Catalogação na Publicação (CIP)
(Câmara Brasileira do Livro, SP, Brasil)

Peixoto, Cristiane
Nas asas do águia / Cristiane Peixoto. -- Barueri, SP : Novo Século Editora, 2014.-- (Talentos da Literatura Brasileira)

1. Crônicas brasileiras I. Título.

14-12284 CDD-869.93

Índices para catálogo sistemático:
1. Crônicas : Literatura brasileira 869.93

2014
IMPRESSO NO BRASIL
PRINTED IN BRAZIL
DIREITOS CEDIDOS PARA ESTA EDIÇÃO À
NOVO SÉCULO EDITORA LTDA.
Alameda Araguaia, 2190 - 11º andar - CJ 1111
CEP 06455-000 - Barueri - SP
Tel. (11) 3699-7107 - Fax (11) 3699-7323
www.novoseculo.com.br
atendimento@novoseculo.com.br

Gratidão

Que todo o homem coma e beba, e goze do bem de todo o seu trabalho; isto é um dom de Deus.

(Eclesiastes 3:13)

À Força, Deus de todo Universo, por me sustentar nos momentos difíceis e, principalmente, por me conduzir pelos caminhos floridos deste mundo de provações. Obrigada. Que eu possa ser usada mais e mais.

Ao meu marido, Marcelo, pelo companheirismo, pela compreensão, pelo amor de cada dia. Obrigada.

Aos meus filhos, Luan, Theo e Victor, pela oportunidade de ser mãe, pela confiança e pela admiração. Obrigada.

Aos meus velhinhos, Nelson e Nair, pela vida, pela criação, pelo amor, pela dedicação que me trouxe até aqui. Obrigada.

Ao meu grande amigo e mentor Rubens Cristofani, pela inspiração, parceria, amizade, "chacoalhões", e por todas as verdades que compartilhamos. Obrigada.

Ao meu amigo e parceiro de trabalho, William Fernando Boudakian de Oliveira, por acreditar no sonho, desde sempre. Obrigada. Você é um dos melhores terráqueos que conheço.

Ao meu amado tio e escritor, Carlos Bruni, pelo exemplo de vida e pelo despertar que me proporcionou. Obrigada.

A todos os meus alunos, por confiarem em mim sua saúde e compartilharem um pedaço de suas vidas. Obrigada.

Aos que eu amo incondicionalmente. Obrigada.

A todas as vidas que tocaram a minha, ainda que não saibam. Obrigada.

Aos leitores, por viverem este *tempo* comigo. Obrigada.

Obrigada, obrigada, obrigada.

DIZEM QUE UM BOM COMEÇO É UM PRENÚNCIO DE BONS VENTOS. Bons ventos que trarão coisas boas, se uma pessoa causa uma boa impressão, se um lugar te traz uma boa sensação logo que você o adentra, se um livro te prende logo no primeiro parágrafo... Começos.

Talvez por acreditar nisso eu me veja sentada neste banquinho improvisado, tentando me colocar no momento em que você está agora, procurando o começo certo para embarcarmos juntos nesta viagem, com destino a um pedaço de universo, que você poderá usar como quiser.

Penso em frases como "era uma vez...", ou "tudo começou...", mas preciso libertar minha mente repleta de velhos clichês e deixar fluir o que quer que seja que este pedacinho de universo deseja revelar.

Eu tenho pouco tempo agora. Os compromissos intermináveis da agenda estão me obrigando a olhar no relógio a cada cinco minutos. Preciso ir embora, alguém me espera chegar para tornar sua vida melhor. Eu amo isso. Apesar das frases que chegam todos os dias nas redes sociais, apesar dos filmes, dos livros, dos depoimentos, dos conselhos amigos, das histórias que ouvimos, eu não gostaria de ter uma vida com uma agenda mais vazia, pelo contrário. Sinto-me capaz, simplesmente capaz, de fazer diversas coisas em um dia. Para que desperdiçar isso? Tenho a sensação de que há tanto para se fazer, e a vida passa tão rápido! Eu sei. Aprendi bem isso com *eles*. *Eles* sempre dizem "quando piscar os olhos...", "parece que foi ontem"... A vida passa muito rápido, mas eu sempre terei o AGORA. Aprendi isso também, e é por isso que, em cada AGORA, posso ser e fazer o que quiser, pois eu escolhi o que tem na agenda, assim como escolho fazê-lo plenamente. Salvo exceções, é claro.

Tenho uma família, e essa é minha maior conquista. A história da minha vida prova que – casar – foi uma grande superação. Superação de crenças, medos, uma força interior com armas em punho para me defender dos perigos. E, além de casar, tive três filhos. Estou casada há quase uma década. Nem acredito! Sou a única garota em casa, rodeada de homens por todos os lados... praticamente uma ilha! Se tivessem me contado que isso aconteceria, quando eu era uma "garota perdida", eu diria: "Que horas passa o próximo foguete para Marte?!". No entanto, é justamente em como cheguei a este ponto que desejo começar, pois foi com a minha família que tudo começou a acontecer, de verdade.

É MELHOR NÃO PRECISAR DE NINGUÉM.
É melhor ter metas e sonhos que se possa realizar sozinho.

Essas foram as frases que me fortaleciam durante um período da vida, que chamo de "negro". Período negro, fase negra, ou até – pegando emprestado – "lado negro da força". Foi culpa daquele garoto. Ele fez algo que nenhuma garota poderia superar: rejeitou-me na escola, durante todo o Ensino Fundamental, só porque eu não quis "namorar" quando eu tinha dez anos. Já ele, era muito experiente, era repetente, mais velho, tinha doze. Ele me deu um apelido idiota que pegou até os dias de hoje. Meu pai costuma usá-lo sempre que deseja me demonstrar amor, e não é um paradoxo. O garoto devia mesmo ter me apelidado com muito carinho, antes de eu ter partido seu coração. Ele se defendeu sendo muito cruel, virou o "Menino Malvado das Belas Pernas".

Aos quinze anos me apaixonei por outro garoto, aquela sensação de passar mal. Aproveito para deixar um pedido e uma prece, para que todos possam conhecer, ou ter conhecido, sensação assim. Demorou para eu perceber que aqueles tremores, as palpitações, o suor frio, as mãos geladas, o rubor no rosto... não eram, na verdade, problema hormonal, defeito da sandália, falta de condicionamento físico, cafeína em excesso (até porque eu nunca tomei café...). Era mesmo a reação física a um sentimento nunca antes conhecido, nem mesmo com o "Menino Malvado das Belas Pernas". Ele era a criatura mais especial que conhecera, não era como ninguém, era um menino cor de lavanda, entre o azul e o violeta, um "Menino Anjo". Ele também me rejeitou. Aí entra o segundo culpado.

Com base em experiências dramáticas, concluí que homem fazia mal, e que era melhor fazer algo bom da minha vida, e nunca me casar, se quisesse ser feliz.

É melhor não precisar de ninguém.

É melhor ter metas e sonhos que se possa realizar sozinho.

E, claro, como minha autoestima sempre foi positiva:

Não se pode confiar nos homens. Eles não têm bom gosto (nem coração).

Sempre gostei de dançar. Aos doze anos já sabia que queria ter uma escola de dança. Naquela época, escolhi a faculdade de Educação Física. Um dia teria minha escola. Já que faria essa faculdade, iria precisar de algum curso que me ajudasse na administração do meu negócio. Decidi fazer curso técnico de Administração. Escolhi o que considerava melhor. Precisaria fazer um vestibulinho, porque era uma escola concorrida. Aos catorze anos, por fim, comecei uma deliciosa rotina: estudava de manhã, o último ano do Ensino Fundamental, almoçava na casa da minha avó, caminhava até a biblioteca municipal do bairro, ficava lá até o horário de fechamento, às dezessete horas, estudando para o vestibulinho. Voltava a pé, ia para a academia de dança fazer aula de *ballet* três vezes por semana, e jazz as outras duas. Todos os dias. Todos os dias. Todos os dias.

Lembro-me de estar na fila, ao lado dos meus pais, esperando entrar na área da secretaria para ver se eu havia sido aprovada. Ufa. Havia conseguido. Alívio! Engraçado: alívio, não alegria.

Próxima etapa do plano: entrar no vestibular. Tinha que ser a USP. Educação Física tem currículos muito diferentes nas universidades, e, para o que eu queria, a USP era a ideal. Passei o Ensino Médio fazendo um curso técnico. O currículo era muito diferente, eu precisaria de um cursinho se quisesse ingressar na Fuvest. Naquela época, tinha uma rotina interessante: escola, estágio, *ballet* e jazz. Almoçava uma marmita quase fria em menos de cinco minutos, andava de metrô, saía de casa antes das sete e voltava depois das vinte horas. Tinha que decidir se iria fazer o cursinho junto com o último ano do Ensino Médio e abandonar o estágio em Administração, ou se iria esperar o curso terminar, e fazer o cursinho no ano seguinte, com mais calma. E perder um ano? Nunca. Então, adeus estágio, olá, cursinho, semana cheia, fins de semana dedicados aos estudos para o vestibular, nada de festas, de viagens, de almoçar fora... Mas essa é a parte que minha mãe se lembra. Eu nem me lembrava.

Fazer a prova da Fuvest foi um ritual de gratidão e desafio. Desde as pessoas que trabalharam para elaborar aquelas questões, até as pessoas que me ajudaram a preparar o cérebro para respondê-las. Desde as pessoas que limparam aquela sala, até meus lápis apontados no estojo. Sem falar nos meus pais, que investiram em escolas, no cursinho, na educação, em mim, até que eu chegasse àquela carteira da decisão. Do momento em que cheguei até o que concluí a prova, tudo vivido com muita intensidade. Mas uma coisa não saía da minha cabeça: a nota de corte. Um universo acontecendo ao meu redor, e a nota de corte era o foco. Mente fraca. Eu não ouvi os conselhos "Inscreva-se em outros vestibulares", "Vai que...". Era meu objetivo, único. Era tudo ou nada. Era somente aquela universidade, aquele curso. Se eu não entrasse, tentaria de novo. Morreria tentando. Era totalmente congruente com minha filosofia de vida, era uma meta, um sonho que só dependia de mim, e eu não podia me decepcionar. Parecia que toda a minha vida tinha me levado àquele momento. O medo de fracassar me parecia familiar, mas não tinha mais condições de fugir de um desafio. Desde aquele dia...

Era uma grande competição de natação. O som da fanfarra, aquela banda gigante de uniformes vermelhos e brancos num sincronismo sonoro e visual. Arquibancadas cheias. Uma piscina olímpica de verdade. Os poucos rostos conhecidos, meu pai, minha mãe e dois professores da academia que eu treinava, perdiam-se na multidão sem face, imensa, barulhenta e ameaçadora. Os pensamentos eram sufocantes. *Quem serão meus concorrentes? Será hoje o dia? Será hoje o dia que eu finalmente perderei?*

Eu tinha quase uma década de vida, várias medalhas de primeiro lugar na categoria. Uma criança invicta. Nunca havia perdido o lugar mais alto do pódio. Chega o dia de competir com gente à altura, e de repente vem o medo de fracassar.

Meus pais não me cobram, não me pressionam. Por que este medo de fracassar? Eles me amam. Não ficariam decepcionados. Mas não posso fracassar.

Vai chegando o momento de entrar na piscina. O barulho alto e poluído do ambiente começa a ficar menor à medida que os pensamentos incessantes e avassaladores ganham volume em minha mente. Medo. Medo. Vou perder. Vou me olhar no espelho amanhã e terei que encarar o fato de que sou uma perdedora. Não consigo. Não consigo. Eles serão melhores do que eu. Maiores. Mais rápidos. Não consigo. Quero sair daqui. Quero ir para casa. Quero parar de sentir isso. Agora.

"Mãe, eu quero ir embora."

E foi só isso.

Imediatamente, como não poderia ser diferente, minha mãe se voltou para o meu pai, que começou a recolher as coisas, enquanto se dirigia ao professor, cena que não pude olhar.

Meus pais sempre foram muito sábios. Respeitaram minha decisão e me apoiaram, como eu deveria imaginar.

Antes que eu pudesse perceber, e sem ouvir nenhuma palavra de ninguém, estava a caminho do carro, no estacionamento lotado. Um dia lindo de sol, e um vazio irreparável e – até então – desconhecido invadia meu coração. Eu jamais, nunca mais, saberia o que teria acontecido se eu tivesse ficado. Se tivesse tentado. Se tivesse nadado. Se tão somente eu...

A partir de hoje e para sempre eu – oficialmente – odeio esse tempo verbal: pretérito imperfeito do subjuntivo. Quem entende isso, afinal? Nem faz sentido. E se... E se... E se... tudo se conjugava na mais horripilante construção da Língua Portuguesa.

Este é um tempo que se traduz em vazio. Vazio. Não quero sentir isso nunca mais. O vazio de nunca poder ter uma resposta. O terrível sentimento de não poder fazer o tempo voltar, só uns dez minutos bastariam. Não posso. Estou no carro, calada, com um turbilhão de emoções e ruídos bem piores do que os que assombravam minha mente há tão poucos minutos.

Não sei se teria perdido. Não sei tampouco se teria ganhado. PARA QUE TANTO MEDO DE PERDER SE A VITÓRIA NÃO VALE NEM O RISCO? Não faz sentido.

Uma página em branco no livro de memórias, a privação de uma experiência, de um acontecimento, de uma história que poderia ter ajudado a me construir como pessoa. Mas isso eu ainda poderia fazer, transformar aquele buraco em uma promessa - a de nunca *nunca nunca* mais me privar de tentar. Nunca mais permitir que o medo de fracassar me tirasse da ação. Eu prosseguiria frente ao medo, porque nunca mais iria me esquecer daquela sensação de fracasso. Esse era o real fracasso. Não tentar. Nunca mais conjugar os verbos da minha história nesta porcaria de tempo.

Hoje esta medalha estaria jogada em uma gaveta inútil ou poluindo o meio ambiente e eu agradeço por não tê-la ganhado, mesmo que tenha sido do pior jeito que se possa perder. O seu significado é muito mais valioso. Antes perder a medalha do que coisas mais importantes. Antes uma simples medalha do que meu lugar na universidade.

O JORNAL DAQUELA MANHÃ CHEIRA ATÉ HOJE – a divulgação da nota de corte da Fuvest em uma letra tão pequena, quase borrada, trouxe uma velha sensação: alívio. Aprovada para a segunda fase. Está certo que passei raspando... poucos pontos a mais que a nota de corte. Esqueça Química, Física, Matemática, na segunda fase só a minha matéria favorita: Língua Portuguesa, redação! A matéria da escola cuja professora de longos cabelos negros e que trazia a disciplina tatuada no coração me chamara de "estrela cadente" (que significava "você vai longe"). A pior fase passou, certamente. Precisaria ir muito bem na segunda fase, mas mesmo assim... USP. USP. Aí vou eu!

A prova era dissertativa, tudo bem, assustava muitos candidatos, colegas de cursinho que se prepararam justamente para o maior filtro de todos, que era esse, para a maioria. Não para mim. Física, Química, História... aquelas histórias repetidas, datas que insistiam em se misturar em áreas desorganizadas do meu cérebro, sem falar nos personagens mais incompreensíveis da humanidade. Por que não poderia ser simples viver em um mundo melhor? Por que não poderíamos salvar o mundo das guerras, da poluição, dos conflitos, apenas fazendo o nosso melhor e doando nossos dons ao mundo? Nem com toda a habilidade e carisma daquele professor brilhante do cursinho – e ele era uma rapsódia à parte –, nem mesmo assim eu conseguia compreender e catalogar aquelas informações.

A criança do ginásio, na carteira escolar, que deixava a mente sair dos limites geográficos da sala de aula para colocar em prática seus planos de paz mundial, voltava a conversar comigo durante o discurso impecável do educador:

> *Você se lembra daquela ideia de construir um aquário gigante içado por dúzias de helicópteros, que iria recolher a água poluída do Rio Tietê, para que fosse enchido novamente pelas mangueiras das pessoas que moram na região?*
>
> *Você se lembra de querer sair da classe direto para o aeroporto visitar todos aqueles países que ficavam a um dedo do mapa-múndi da agenda, e conversar com os guerrilheiros, explicar tudo, estabelecer a paz, e voltar antes da hora do almoço?*

O professor de História do cursinho era até mais do que um educador, era o personagem pulsante e incorporado de Dom Pedro, de Joaquim José da Silva Xavier, da insanidade humana. Ouvi-lo era prazeroso, pois cada palavra saía como se ele mesmo a tivesse vivido. No entanto, o sentimento era de rejeição e incompreensão. Dizem que precisamos compreender a História para que os povos aprendam com seus erros e não os repitam no futuro, mas tudo parecia sempre mais do mesmo. Odeio essa matéria! Quase zerei na prova de História da Fuvest.

As palavras, a comunicação, essa incrível capacidade humana de transformar emoções, pensamentos e ideias em códigos que se traduzem em sons propagados no espaço através de aberturas precisas de músculos que controlam a passagem do ar entre elas. E o ar então se transforma em fala, e outros músculos reproduzem os códigos em escrita. E esse conjunto de magia divina transforma tudo em informação, que se transforma em conhecimento, que se transforma em sabedoria, que se transforma em evolução, cujo produto final só pode ser o amor, e fechando o ciclo, amor que não precisa de palavras. Isso é o que, de fato, me encantava. Por isso eu levava uma grande vantagem na prova de Língua Portuguesa. Eu era Ayrton Senna em uma corrida sob a chuva.

Segunda fase da Fuvest. Parecia que todos ao meu redor eram meus concorrentes, e, sinceramente, não havia sido minha melhor noite de sono. Chego ao local da prova com a antecedência de costume, para eu ter tempo suficiente de encontrar minha sala, ir ao banheiro, tentar controlar a respiração e me acalmar. Tudo dependeria do estado de espírito, da tranquilidade da mente no momento de resgatar as informações já estudadas. Conselhos sábios dos professores do cursinho, que viviam a Fuvest doze meses por ano, mas não o dia "D". Fácil falar. Eles estão de folga hoje. O pensamento de que todos os candidatos ao meu curso poderiam se deliciar com as quarenta e nove vagas disponíveis (já que uma era minha) me tranquilizava por cerca de cinco segundos. Quero parar de sentir isso. Quero parar de sentir isso. Será que é desta vez que não vou encontrar meu nome na lista de aprovados? E de repente estou de maiô por baixo da roupa, de volta à arquibancada da morte. Não desta vez, querida. Veja. É só você e a multidão sem face. Sua mãe nem está aqui. Você vai entrar naquela sala e fazer o que veio fazer. Colocar o seu nome na lista de aprovados. Meu Deus, me ajude. Meu Deus, me ajude.

Ops... uma questão dividida em quatro partes, cada uma com um peso considerável, e todas relacionadas a um dos livros que eu não havia lido. De tantos que li, quase todos da lista, justamente o que não coloquei os olhos, nem mesmo em um resumo, foi ganhar tamanha importância na fase decisiva daquele ano, da minha vida, do meu futuro. Oh, não! Nada de pânico. Vamos adiante.

Ao encerrar a prova, voltei àquelas quatro perguntas em branco. Calculei minhas possibilidades. Sem elas minhas chances seriam muito pequenas. Eu preciso escrever algo! Preciso deduzir! Impossível. Não tenho ideia do que se trata. Olho para meu material sobre a mesa, somente um lápis, uma borracha e uma caneta. E de repente, MINHA MENTE DESAPARECEU.

Tenho que me lembrar, de vez em quando, que o que vou relatar agora ocorreu de fato. Fico com medo de me confundir com um sonho ou com um delírio, no futuro, mas a parte que garante minha sanidade mental se recorda de absolutamente todos os detalhes.

Minha mão se voltou para pegar a caneta. Minha voz saiu longe, assustada, num sussurro quase inaudível, em algum lugar atrás da orelha: "Não seria melhor um lápis?". Sem resposta, a mão dominante tocou a linha do parágrafo da parte um, sem que os olhos voltassem para o enunciado. "Não seria melhor reler o enunciado?", disse bem baixinho a minha voz congelada pela impotência de fazer aquele ímpeto parar. O ponto-final veio no lugar exato, sem deixar nenhum pedaço de linha sobrando. A mão vai novamente para o ponto do parágrafo. Estava iniciando a parte dois. *Meu Deus! O que está acontecendo? O que estou escrevendo? Ou melhor, o que está sendo escrito? E se estiver tudo errado? E se for um absurdo? E como estou conseguindo pensar isso e escrever sem saber o que estou escrevendo?* Cale-se. Outra voz. Obedeci. E, então, a mão se abriu, soltando a caneta no meio da folha de papel. Acabou. Estarrecida, como é de se imaginar, apressei-me em ler o que estava escrito sem nenhuma rasura, e nenhum espaço vago para acrescentar qualquer palavra. As quatro partes preenchidas em poucos minutos. Li tudo de uma vez. Nossa! Faz todo sentido. Não faço a menor ideia, mas, se estiver tudo errado, no mínimo vão poder dizer que tenho imaginação e raciocínio lógico. Bem... eu sei que não era exatamente "eu". O que chamo de eu (bem vi) havia sido sequestrado, amordaçado e atingido por um raio paralisante. Foi minha mão. Nunca imaginei que ela tivesse essa capacidade... Grata e sem palavras, tinha apenas a certeza de que acabara de viver um daqueles momentos que não tem explicação, e que eu mesma não acreditaria se tivessem me contado. Nem iria adiantar contar a ninguém mesmo. Era melhor eu ficar com os créditos. Obrigada.

A consequência disso foi uma ansiedade sem igual para ler o gabarito, que veio dias depois. Outro jornal inesquecível.

Tive de me sentar. Meu Deus! Eles vão achar que eu colei. Vão querer anular a prova. Como é possível? Salvo uma ou outra palavra sinônima que eu poderia rapidamente ter substituído para não dizer que co-pi-ei, estava tudo perfeito, sem faltar nem acrescentar nenhuma informação. E outras questões que pensei ter acertado, não estavam exatamente corretas, e certamente perderia pontos. Essa coisa salvou minha prova. Não havia mais nenhuma razão para pensar que eu não seria aprovada. Era meu destino. Aquele gabarito representou a lista de aprovados. Era crer para ver.

Muitas reflexões se seguiram em uma tentativa de explicar. De chegar à minha conclusão. Foi Deus? Foi um anjo? Foi meu inconsciente? Foi uma telepatia captada do japonês sentado ao meu lado? Essas perguntas se misturaram às tantas outras que já me fizera, e que compartilhavam a mesma classificação: sem resposta. Nunca saberia. Sou grata, tão somente. E nunca contarei a ninguém. Salvo se um dia escrevesse um livro. Os livros são famosos pelo direito que o autor se dá à ficção. Ficção é uma palavra estratégica, às vezes. E a interpretação do leitor é um universo à parte, é livre, e ninguém tem nada a ver com isso.

A lista de aprovados estava fixada no colégio estadual do bairro vizinho. Meu pai estacionou o carro com dificuldade, tamanha movimentação no local. Minha mãe teve de ficar para manobrar, se necessário. Ele praticamente me arrastou pelo braço em passos acelerados, acho que de ansiedade. De repente me senti com cinco anos de novo. Eu já sabia que seria aprovada, mas minha fé destreinada permitia pensamentos inoportunos. *E se eu estiver equivocada?* A certeza da conquista tinha muita lógica e pouca fé. E tentando acompanhar os passos largos e apressados das longas pernas do meu pai, que driblava de forma ágil os retardatários ansiosos para colher o fruto do investimento na educação dos filhos, eu temi. Acima de tudo, fiquei com medo de decepcioná-lo, mas também temi pelo meu futuro incerto, já que, ainda distante daquele muro, aquele no qual minha sina fora fixada, também me lembrei que não havia prestado nenhum outro vestibular, e estava à espreita de uma única resposta. E sem falar no fato de que, talvez, se eu tivesse interpretado mal todos os "sinais", poderia haver uma possibilidade de eu ter de consultar um psiquiatra.

Ele usou sua vantajosa estatura para ler a lista sobre as cabeças de mães baixinhas e adolescentes franzinos. E, antes que eu pudesse enxergar os nomes no papel, ele exclamou "Cristiane Peixoto!", com um tom que misturava orgulho e alívio, a sinfonia que a maioria dos filhos deseja ouvir repetidamente da boca dos pais. Meu nome! E depois se voltou para mim, me deu um beijo e disse parabéns.

Caminhamos no sentido contrário, deixando para trás a lista e o destino dos jovens que não tiveram a mesma sorte. Pensei neles neste momento. Que a "mão" os ajude, quando precisarem. E, além dessa compaixão, senti alívio outra vez. Foi o que senti. Alívio, e não alegria.

Em poucas semanas eu já era uma caloura, vestindo a camiseta da universidade, orgulhosa de mim, e sentindo gratidão por tudo o que corroborou com minha estada naquela distinta instituição de ensino. Até já tinha me esquecido dos comentários ouvidos desde minha decisão pelo curso até o momento presente. Meu pai teve a preocupação estampada no rosto. Educação Física! Uma ou outra palavrinha até acabou escapando: “Você vai morrer de fome!”. Meus professores do cursinho disseram: “Parabéns! Era esse mesmo o curso que você queria?”. Minhas colegas não aprovadas na Fuvest reagiram: “Também, Educação Física é muito fácil!”. Meus professores do antigo ginásio se indignaram: “Nossa... com tanto potencial!”. E confesso que também me recordo com clareza do apelido que outros cursos do campus davam aos alunos da escola de Educação Física e Esporte, a EEFE: camarões. Por quê? Porque você aproveita o corpo e joga a cabeça fora...

No entanto, eu estava inabalável, fortalecida com minha certeza de que, nesta vida, o sucesso acontece quando você faz o que gosta, o que tem vocação e paixão, pois assim o fará bem-feito, e a prosperidade será uma consequência.

E aos dezoito anos incompletos, eu conhecia bem minha vocação. Graças à trajetória com a Querida General.

Depois da completa desgraça da competição de natação, decidi parar. Eu tinha gostado tanto daquela apresentação do Dia das Mães, em que dançamos Saltimbancos, e também lembrava da primeira e única apresentação de *ballet* da minha infância, com a fantasia de coelhinha, o palco era um lugar especial! Aos doze anos, ingressei na academia da escola para fazer *ballet* e *jazz* iniciantes. Era uma sensação horrível, sentia-me ridícula. Eu e um monte de moças bem mais velhas tentando coordenar movimentos com nossos corpos desajustados, sem o menor êxito. Eu era uma das melhores da turma, o que não era muito difícil. Ah se o Menino Malvado das Belas Pernas me visse assim, todas as minhas chances – que eram uma em um milhão – estariam acabadas! Desejava mesmo era fazer parte da turma da professora japonesa. Parava na porta da sala dela, era a melhor sala da academia, e ficava admirando sua aula enquanto esperava minha mãe vir me buscar. As alunas eram perfeitas, ela era perfeita, eu precisaria ser perfeita para chegar lá. Era uma meta. Um dia teria que ser boa o bastante para ser aluna dela.

No ano seguinte, progredi do estágio preparatório para o primeiro ano. E, como era muito grande para me unir às alunas de sete anos, fui promovida direto para o segundo ano, com as alunas de oito. Então, estava tudo nos trilhos. Eu era uma aluna de treze anos, seguida da minha irmã que tinha onze, e com todas as amiguinhas de oito. Nós éramos as girafas da sala. Mas a boa notícia era que a japonesa seria nossa professora! O que eu não sabia era que os cinco anos seguintes poderiam impactar tanto minha vida.

Algumas coisas foram difíceis – dançar no final do ano com aquelas anãs de babadinhos e uma raquete de tênis foi um grande mico. Mas ao longo dos anos as meninas começaram a crescer rapidamente, e até deixaram para trás aquele olhar intrigado, como se fôssemos alienígenas. As coreografias começaram a ficar menos infantis, e, independentemente de qualquer coisa, eu admirava a criatividade daquela mulher, sempre com as melhores escolhas, sempre inovando os movimentos naquelas notas clássicas, sempre impecável.

As aulas eram deliciosas e vigorosas. Aquela japonesa perfeita me ensinou coisas que ficaram para sempre na memória: disciplina, pontualidade, foco, não olhar para o lado, não olhar para baixo, postura ereta, contrair os músculos abdominais, contrair os glúteos, foco, respeitar as diferenças, garra, dedicação, assiduidade, comprometimento. Eu já disse foco?

Ela dizia o que tinha que dizer, sem desrespeitar ninguém, usando com maestria sua posição de autoridade. Uma vez pediu para eu ficar ao final da aula. Falou para eu não me magoar quando ela precisasse corrigir a minha irmã, pois ela precisava disso, e que ali dentro éramos colegas, não irmãs. Há coisas que precisam ser feitas, há papéis que precisam ser respeitados, há críticas necessárias para se lapidar alguém.

– Mas eu nunca disse nada! – defendi-me.

– Mas vejo no seu olhar.

Do treinamento postural e comportamental, a minha General favorita passou a ser a espectadora de uma das superações mais sofridas por qual passei. Chegara o dia da sapatilha de ponta. Eu já me destacava dentre o grupo, por belas linhas e uma dedicação impecável, e para muitas de nós a sapatilha de ponta veio coroar anos de dedicação. Menos para mim. Sangue. Dor. Lágrimas. Tinha os pés sem a pele em quatro dedos, e assim ficaram vinte e quatro horas por dia, durante meses. Ao sair da aula, era difícil retirar o curativo ensanguentado, havia sangue na meia, na própria sapatilha. Não conseguia calçar nada, a não ser um chinelo de dedo. Tinha de ficar com os pés fora do lençol para dormir, pois o simples toque do tecido fazia tudo arder como fogo. As aulas eram às segundas, quartas e sextas, meus pés não tinham a menor chance de cicatrização. Era coisa que não saía da minha cabeça e a dor constante e intensa tirava a concentração de tudo o que pudesse estar acontecendo.

Mas nada se comparava ao momento de vestir as sapatilhas, sufocando o grito dos dedos massacrados, caminhar mancando até a barra, e começar os movimentos. Cada subida na ponta da sapatilha era como uma faca arrancando os dedos a sangue frio. E eram tantas... *elevé, relevé, retiré, échappé, pas de bourrée*... eu estava no meio da Revolução Francesa, na linha de frente.

Meu rosto era branco sulfite, meu suor escorria gelado, lágrimas se misturavam com as gotas de suor no rosto, sem que nenhum músculo facial pudesse delatar sua origem. Eu os distinguia apenas pela trajetória e pela temperatura – as lágrimas eram mais quentes. Precisava superar aquilo. Desistir era uma palavra que sobrevoava meus pensamentos o tempo todo, mas eu bem sabia o que aconteceria seu eu desistisse. Aquele vazio de novo. Aquele sentimento de fracasso puro. Aquele amargo. Não. De jeito nenhum. Vou sangrar, vou sentir dor, mas não será mais uma página em branco. Não sou uma perdedora. Minha Querida General estava me dando a maior lição de todas, o que seria esperado de uma professora frente a uma situação como esta? No lugar dela, eu teria sentido pena. Teria procurado pela mãe. Daria uns dias de folga. Pediria à aluna para se sentar. Pediria para ela usar a sapatilha aula sim, aula não. Cederia. Não suportaria assistir a tamanho sofrimento. Ela não. Repetia o mesmo ritual em todas as aulas, aula após aula, sem nunca hesitar. Parava bem na minha frente, bem perto, olhava dentro dos meus olhos, e sem dizer (nunca) nenhuma palavra, mandava seu recado telepático: continue. Não desista. Você pode. Tenho certeza. Acredito em você. Você vai conseguir. Eu estou aqui. Coragem. Garra. Força. Fé. O rosto dela transmitia uma força incrível, e aquilo me ajudava, era aquele o tamanho da força que eu queria ter.

Os dias se arrastavam mancos e eu me fazia várias perguntas. Por que tinha que ser assim? Por que para as meninas é tão fácil, e para mim é essa tortura, quando quero tanto isso? *Flashdance* era o meu filme.

O som do saxofone da seleção musical da aula me inspira até hoje. Sentir o corpo queimando pela ação do ácido lático, sentir os músculos tremendo em sinal de fadiga extrema, sentir o suor escorrendo sem poder tocá-lo, limpá-lo. Suor nos olhos é ardido, na boca é salgado, na pele é refrescante, nos ouvidos faz cócegas. As mãos suaves na barra e o corpo em rígido treinamento, numa alquimia de leveza e vigor. A alma buscando a conexão com a música, com cada nota e cada tom, enquanto o corpo suporta o resultado do esforço máximo. O êxtase de beber a água quando se tem sede, verdadeiramente. Todos mereciam sentir isso. Eu queria que todos pudessem sentir isso.

No final do ano, a apresentação de dança. A estreia da turma na sapatilha de ponta. Pela primeira vez, senti prazer em estar na sapatilha, em vez de dor. Eu venci! Lembro-me do bilhete que a Querida General me dera no dia da despedida:

"Nunca vou esquecer você!".

Eu também nunca a esqueci. Ela se tornou uma mentora – a mentora para os momentos em que é preciso sangue, suor e lágrimas. Quando me vejo em tal situação, é ela quem vejo diante de mim, com aquele olhar profundo, sem hesitar. "Você pode!"

Uma fotografia daquela apresentação mostra o momento em que minha ponta era a mais bela e perfeita de todas do grupo. Eu a guardo com carinho em lugar especial, para sempre lembrar que é isso que acontece quando a gente persevera – onde era pele fina, hoje tem um calo grosso, mas onde havia dor, hoje há prazer.

O QUE NOS FORTALECE NÃO É SUAVE, NEM PRAZEROSO, MAS SER FORTE É O ÚNICO JEITO DE SER TUDO O QUE SE PODE SER.

Assim é no *ballet*. Assim é na vida.

A PLENA CONSCIÊNCIA DO PODER DO CORPO ME LEVOU ÀQUELA CARTEIRA ESCOLAR. Olho em volta e descubro novos amigos, uma nova família se revelava, um por um, nas apresentações iniciais.

Cursar uma universidade era privilégio de poucos, principalmente em uma estadual. Nosso curso era integral, poucas janelas na semana, mas suficientes para que tivéssemos uma história coletiva sendo construída pouco a pouco. História que envolveu, certamente, amizades eternas, discórdias, mágoas, intrigas, divergências, convergências, aprendizado humano profundo. Uma família, certamente. O sentimento era assim na época e é assim agora – passe o tempo que passar, e não importa a distância, sempre estaremos conectados. Os personagens principais, minha panelinha: uma japonesa de corpo escultural e com muito mais experiência de vida do que eu, uma baixinha esguia de cabelos esvoaçantes e sorriso fácil, uma garota dançarina de cabelos negros encaracolados apelidada de Leão, e a peça única – famosa pelo seu senso de humor cômico e inteligente, cheia de caras e bocas e viciada em musculação –, a She-Ra. Ela era a única que tinha um carro. E, após os primeiros meses caminhando a pé e esperando o ônibus circular do campus, lotávamos os cinco lugares do carro que rodava pulsando pelas ruas da Cidade Universitária. Eu era aquela garota ferida, que tinha sido rejeitada pelos dois garotos que gostara, mas feliz. Vestia sempre os tons básicos, preto, cinza, marrom, bege, e odiava cor-de-rosa. *Argh*! Na minha opinião, essa cor era para mulheres tolas que não saíram da primeira infância e se achavam a Bela Adormecida, de forma que era uma cor proibida para mim, do batom à roupa íntima. As quatro tinham namorado, menos eu. Nunca tivera um namorado. Mas me divertia ouvindo as histórias dos romances delas. Eu contava as histórias do Menino Anjo, que foi uma presença durante todo o curso. Uma história intrigante, que provocava agonia nas meninas, pior do que campeonato mundial nos últimos minutos da prorrogação.

Uma certeza sempre me colocava em vantagem sobre meus colegas – eu sabia exatamente o que queria da minha vida. Queria usar o movimento e a dança para elevar a autoestima e alegrar a alma das mulheres – vítimas dos homens, de mau gosto, sem coração. Vou ter minha própria escola de dança! Entusiasmo total!

A frase do professor veterano soou como um meteoro aterrissando em solo terrestre: "Educação Física não é dança! Se você ingressou pensando nisso, reveja seus planos!".

Droga, como ele sabia, afinal? Discordo. Que aula tensa…

Após um semestre de aula tensa com o "Sr. Educação Física não é…", dei razão a ele. Ao me dedicar exclusivamente à dança, estaria perdendo uma incrível área de atuação. Talvez meus planos pudessem ter um pequeno ajuste de percurso, afinal.

Foi assim, revendo meus planos, experienciando diversas áreas de atuação, cursando um currículo que considerava genial, que cheguei ao último ano.

Teríamos a disciplina "Educação Física na Terceira Idade", com a Professora Doutora Famosa da faculdade. Todos a amavam. Veteranos a consideravam a melhor professora do curso. Era a paraninfa de quase todas as turmas. Era uma expectativa conhecê-la.

No primeiro dia, ela já demonstrou seu diferencial. Pediu, gentilmente, para que todos formassem uma roda com as carteiras. Enquanto todos faziam questão de manter a posição do mestre, frente à classe, ela já começava movimentando a turma toda num gesto de igualdade e união. Confortável. Acolhedor. O sorriso meigo e o olhar cristalino esverdeado de uma mestiça de cabelos acobreados nos davam as boas-vindas. A primeira solicitação:

– Digam seu nome, em que área atuam e se pretendem trabalhar com idosos.

Oh, oh... Espero que ela não leve para o lado pessoal. Eu não tenho a menor intenção de trabalhar com idosos. *Argh*! Torcendo para que meus colegas também não tenham pensado nisso, ou tenham outras preferências. *Humpf*. Eles estão adorando a ideia de trabalhar com idosos. Estão abertos. Está chegando minha vez. Foco. Foco.

– Eu não tenho intenção de trabalhar com idosos, quero trabalhar com dança.

A frase soou traiçoeira para mim. Ingrata.

Na verdade, minha experiência com idosos tinha sido muito restrita, até então, e um pouco triste, por assim dizer. E de repente, num voo melancólico da minha mente, eu fui parar NAQUELA CASA.

CRISTIANE!

Era o brado retumbante favorito da minha avó. Não era por acaso que meu avô a chamava de Buzina, eu acho.

A história de como minha avó ficara feliz com a notícia de que eu havia nascido – menina – era uma das minhas favoritas. Já tinha três netos meninos, filhos da minha tia, e eu fui a primeira filha do seu caçulinha. Depois minha mãe teve mais uma menina e mais um menino. Nosso colégio ficava na calçada da casa da minha avó e, portanto, boa parte da minha infância se passou naquela casa térrea, com jardim na frente e nos fundos.

Eu era uma boa menina e muito criativa. O que para mim sempre fora uma qualidade, para minha avó era um terrível defeito. Eu estava sempre inventando uma brincadeira nova para passar o tempo. Aquele quintal era um convite à imaginação! Tinha uma área com telhas velhas que meu avô fizera para as plantas que ficavam à sombra. Tinha a lavanderia.

Tinha a parte do fundo que ficava o galinheiro e outras plantas, muitas samambaias, vasos, trepadeiras, terra... era uma selva para uma criança. Eu costumava pegar os pratinhos dos vasos e punha a mesa improvisada com telhas e servia a saladinha – feita das folhas das samambaias. Era só usar dois dedos, de cima para baixo e todas as folhinhas pulavam dos cabos para o prato rapidamente! Eu também gostava de usar os enfeitinhos da estante para construir cenários diversos no tapete da sala, alguns até quebravam, às vezes, falta de sorte. E batia algumas curiosidades de vez em quando... como meu irmãozinho ficaria vestido de menina? Como a boneca da minha irmã ficaria de cabelos cortados? Como o boneco dela ficaria sem cabeça? Como era o gosto do bolo cru? E pronto: Cristiane!!!! Cristiane!!!! Cristiane!!!!

Apesar das minhas travessuras, ela era louca por mim. Lembro de ela estar me enxugando após o banho, de repente parou de me secar, segurou o meu rosto, aproximou os óculos e disse: "Deixe eu ver! Cara linda!". Acho que a vovó não enxerga bem.

As mãos delas eram muito feias, dedos tortos, unhas amareladas, pele coberta de manchas e rugas.

Um dia ela me viu olhando suas mãos, e disse: "Eu já tive mãos como as suas!".

Oh, Deus! Então um dia eu vou ter mãos como as dela?! Ainda bem que vai demorar muito!

Ela costumava dizer: "Ah, como é bom ser jovem!", "Ah, como é bom ser criança!", "Não durma de cabelos molhados, ou você vai ter reumatismo quando for velha!", "Você vai ver só quando for velha!".

Ela colocava aquele xale de tricô marrom e mostarda todas as noites, sentava na sua poltrona para assistir à novela, num volume muito alto. Meu avô também se sentava, mas a poltrona dele ficava encostada na parede no fundo da sala, e a dela ficava a meio metro da televisão. Não era como na minha casa. Um dia eu perguntei por que eles deixavam as poltronas naquela distância.

– Seu avô não ouve e eu não enxergo.

Os dois brigavam muito. Ela perdia a paciência com ele de tanto chamar, aumentando o volume da voz a cada tentativa, e ele ficava irritado quando ela gritava.

– Neno... Neno... Neno... Neno... Neeeeenoooo!!!

– Que é, Buzina!!!! Não precisa gritar!

– É que você não ouve!!!

Pobre vovô. A orelha tão grande e não funciona.

Mas eles eram muito grudados. Na hora do banho, ela vinha com a troca de roupa em mãos. Ele não saberia onde pegar uma cueca sequer. Na hora do almoço, meu avô sempre a ajudava a lavar a louça, ou a secar, e ela sempre reclamava de alguma coisa – do pano encharcado que ele não procurou trocar, do resíduo de comida no talher mal lavado, da bolha de sabão estourando no prato enxaguado. Ele comia de um jeito engraçado. Sempre sujava a roupa. Seus dentes faziam um movimento estranho. Tinha o péssimo hábito de, todos os dias, no café da tarde, molhar um pão no café com leite, comer aquela meleca com as mãos e deixar tudo pingar fora da caneca. *Argh*. Nunca a vi olhando essa cena assustadora da mesma forma estarrecida que eu. Se ele fosse sair, minha avó tinha que ajeitar sua roupa, punha a camisa para dentro da calça, ajeitava o colarinho e colocava sua boina.

Isso era ser velho.

Não ouvir bem, não enxergar bem, ter medo de friagem, assistir à novela, usar o mesmo desodorante Bozano para sempre, molhar o pão no café com leite, cuidar das plantas, não deixar os netos fazerem o que querem, fazer fígado bovino e dar aos netos como se fosse bife, checar se o marido não vai sair de casa com a camisa para fora ou do avesso. Sem contar a pele enrugada cheia de manchas, as unhas grossas de cortar com alicate, bigodes horríveis, orelhas gigantes quebradas, os dedos tortos, os cabelos escassos, dentaduras barulhentas. Aproveitar a juventude é um excelente conselho. Eu não gostaria de ficar assim.

Embora tudo isso fosse assombroso, eu tinha verdadeiro amor por aqueles velhinhos. Meu avô era um gênio criativo, e minha avó era como uma segunda mãe. Lembro-me de estudar para as provas no ginásio, e depois dar a matéria para meu avô tomar a lição – decorada. Conforme eu recitava as palavras com exatidão, até nas vírgulas, ele caía numa gargalhada de dar gosto! Eu acabava fazendo isso só para ouvir aquela gargalhada. E era esse o maior problema, na maior parte do tempo eu percebia a falta de felicidade, de risadas, de momentos descontraídos. E vinha uma pergunta em minha mente: *Em que momento da vida a gente deixa de ser feliz?*

O raciocínio era lógico. Se a criança é feliz e o velho, não, em que parte da vida a gente se perde da felicidade? Será que é quando casamos? Será que é quando os filhos nascem? Será que é porque os velhos não gostam de brinquedos? Será que é por causa do trabalho? Ou por causa das rugas? Não sei. É bom pensar bem nas minhas escolhas.

Um dia, mais tarde, meu avô saiu como de costume. Caiu. A queda o levou a uma fratura. A fratura o levou a uma cirurgia. A cirurgia trouxe desafios demais para seu organismo fraco. Voltou para casa, debilitado. Em meio a um silêncio desconfortável, meu pai fazia a barba dele. Olhando isso se pode aprender muito mais sobre a vida do que estudando para provas. Nisso se resume um homem. Depois, uma palavra apenas "Cristiane". Ele a pronunciou uma vez. Eu não respondi. Não precisava. Eu sabia, naquele momento, que ele estava se despedindo. Senti orgulho de ser tão importante para ele. De todos ali presentes, ele quis se despedir de mim. Sabia que me lembraria para sempre daquele tom, daquela mistura de amor e orgulho com saudade. Enfim, ele se foi. Era difícil para a adolescente do Ensino Médio compreender que ele morreu porque caiu. Só porque caiu. Um simples tombo silenciou o riso e o levou de nós. Ninguém deveria morrer assim. Minha avó deu a última ajeitada no colarinho dele antes de fechar o caixão, um beijo na testa, "Tchau véio", como ela o chamava, às vezes. Uma rápida imagem com duas rápidas palavras que se eternizam na lembrança. Essa é a pior parte da morte.

Três anos se seguiram com aquela mulher sem chão, sem rumo, sem vida, sem ninguém com quem brigar, sem ninguém para ajeitar a roupa, para dividir a novela. Panos de prato e talheres em perfeito estado, mas um olhar sem vida, apagado. Ela já não estava mais ali. Todos os netos crescidos, todos com suas agendas cheias, todos compromissados por um dia inteiro, como não poderia ser diferente, e o dia amanhecia e anoitecia para ela em um profundo nada. Ela passava os dias na casa dela, e as noites na casa da filha, por escolha própria. Apesar de todos os esforços da minha tia, minha avó nunca quis fazer nada, nem hidroginástica, nem passeios, nem grupos de terceira idade. Tinha o carinho da família, visitas semanais e dias da semana de grande solidão. Nada fazia diferença de verdade, estar com a família, na praia, fora de casa... estar, estar... ela estava sempre imersa em tristeza. Assim foi até aquele coração saudável entrar em arritmia, causando um acidente vascular cerebral.

Os dias no hospital se arrastaram incertos. Eu gostaria que ela soubesse o quanto a amava. Tinha sido tão arteira. Tinha sido tão ausente. Queria cantar para ela a música que ela cantava para mim enquanto me enxugava do banho, a do passarinho. Não conseguia. A garganta embargada não deixava sair nenhuma palavra. Muito desajeitada, cantei a música, não houve reação. Mas tudo bem. Eu queria que ela soubesse que eu me lembrava.

O AVC paralisou seu lado esquerdo e tirou sua fala e deglutição. Ela veio para a casa da minha tia, sua filha mais velha, e lá ficou em *home care*. Fraldas, sondas, injeções, cadeira de rodas, colchões especiais, cuidadoras estranhas limpando suas partes íntimas, remédios, aquele cheiro de... doença. Um corpo prostrado carregando a mente de lucidez duvidosa. Alguns diziam que ela não entendia o que se falava, outros pensavam que sim. O que era claro, no entanto, era que ela perdera toda possibilidade de comunicação e se fechou em revolta.

Assim se passaram cinco anos, até que ela partiu, enfim, deixando todos os que a amavam marcados pela sua dor e seu suplício. Que vida era aquela?! Mais sorte teve meu avô. Até que cair e morrer não era tão ruim assim. Esse não era o jeito certo de morrer.

Definitivamente, eu não tenho estrutura emocional para lidar com idosos.

A DISCIPLINA SEGUIU SEU CURSO OBRIGATORIAMENTE. O primeiro semestre repleto de teorias interessantes sobre a velhice, a sociedade, as dimensões psicológicas do idoso. Aquela mulher era mesmo apaixonada pelo que fazia, e isso era apaixonante. No segundo semestre nossa avaliação seria dividida em observação de aulas, aulas práticas e módulo personalizado. O programa de atividade física para idosos oferecido pela USP e desenvolvido pela Professora Doutora Famosa era espetacular. Lendo seu material, era possível perceber que eu não sabia nada a respeito de planejamento, fundamentos, objetivos, tudo o que deveria conter um bom programa. Por exemplo, a diferença entre conteúdo e estratégia, a coerência entre objetivo e avaliação, a relação entre os domínios do comportamento humano, físico-motor, sócio-afetivo e cognitivo. As bases teóricas que davam suporte à filosofia do programa e da proposta educacional, e as diretrizes pedagógicas que facilitavam todo o processo de aprendizagem. Ela era um gênio. O programa que atendia aos moradores da região com mais de sessenta anos tinha a duração de, aproximadamente, quinze meses. Era esperado que o idoso adquirisse conhecimento suficiente sobre o envelhecimento e a atividade física para autogerir sua prática, ou buscar outros programas adequados às suas necessidades, permanecendo fisicamente ativo de forma contínua e regular.

O cronograma nos foi entregue com clareza. Primeiro, cumpriríamos um número de aulas como observadores, e deveríamos entregar relatórios dessas observações. Depois, submeteríamos nossos planos de aula à correção da professora e, após aprovados, nossa sessão prática seria agendada. Por fim, mais um plano de trabalho contendo oito aulas personalizadas, cada graduando com um idoso, aluno do programa. Aprovado o plano, finalizaríamos com as sessões práticas e os relatórios.

Aquele poderia ser considerado meu primeiro contato com *eles*, sob a perspectiva de uma professora de Educação Física. Não pude deixar de observar os bastidores das aulas, todos os dias, alguns *deles* abordavam as professoras de um jeito bem peculiar. Olhos arregalados, brilhantes, os braços falavam em conjunto com a boca, a expressão era de uma tremenda alegria!

– Professora! Eu preciso te contar o que aconteceu!

A garota de vinte e um anos parava para ouvir, discretamente, aquela notícia bombástica que provocou tremendo entusiasmo.

– Eu consegui segurar meu neto no colo!!!

Ok. Interessante. Não entendi. Afinal, o que tem demais?

E vinha outra:

– Professora! Você não acredita! Eu lavei as costas no banho!

E outra:

– Professora! Eu subi a escada de casa e não doeu meu joelho!

E era uma rotina de notícias incríveis, entusiasmadas, estranhamente banais e corriqueiras. Idosos felizes, realizados. Frases como "Eu sou um novo homem!", "Eu tenho uma nova razão de viver!", "Vocês são anjos!", me faziam refletir sobre tudo o que poderia me deixar tão feliz, naquele momento, e nenhuma vez eu pensei em subir escadas, lavar as costas, vestir a roupa, não sentir dor. Mas observando-os com suas dificuldades, limitações, doenças, dores, mas superando todas elas por seguir as informações e os ensinamentos das professoras, percebi algo que mudaria minha vida. Era isso. Era exatamente isso que eu queria ter na minha profissão. Era para isso que eu voltaria meus estudos e meu trabalho. ERA PARA FAZER ESSE TANTO POR ALGUÉM, para trazer um benefício desta magnitude. Eu queria estudar e trabalhar para salvar a vida *deles*. Um dia, eu gostaria de ouvir alguém dizendo que eu contribuí para que sua vida fosse melhor, de certa forma. E, então, tudo fez sentido. Serei uma professora de idosos. Não deu tempo de ajudar os meus velhinhos, mas poderei fazer a diferença para os velhinhos de outros netos, de outros filhos, fazer a vida deles melhor.

Estudos sobre o envelhecimento se seguiram, e concluí a disciplina com destaque. A Professora Doutora Famosa já possuía um lugar eternizado no meu coração. Aprendi muito com ela, mas sentia que ainda não era suficiente. Escrevi uma carta de agradecimento pelo seu trabalho, pela trajetória que tivemos juntas, enquanto a preocupação com a conclusão da monografia me mantinha trancada na biblioteca do campus até seu horário de fechamento. Ao que tudo indica, tenho adoração por ver uma biblioteca fechar. O tema da monografia não era sobre idosos, era a avaliação do aspecto socioafetivo na Educação Física. O tema era pouco estudado no Brasil, de modo que quase toda literatura para consulta era em inglês. Nunca fiz curso de inglês. Tinha uma colega de sala que falava fluentemente, e pedi ajuda para a tradução de alguns textos. Ela era uma das melhores alunas da turma, aquela que sentava na primeira carteira e nunca olhava de lado, anotava tudo, entregava tudo no prazo. Tinha a pele de porcelana, cabelos longos e negros, um sorriso largo com dentes perfeitos, uma delicadeza na forma de ser e falar típica das princesas da Disney. A Branca de Neve em pessoa. Os textos não paravam de se avolumar, e eu já não tinha mais coragem de pedir seu auxílio prestativo. Comecei a ler as palavras sem sentido com um dicionário ao lado, e anotava o significado de cada palavra nova em um caderno. De cada dez palavras, consultava oito. Era um processo demorado e estafante. Com o tempo, consultava menos palavras, até que um dia não precisei mais do dicionário. Foi assim que aprendi inglês.

Minha orientadora desse trabalho foi a professora da disciplina curricular Educação Física na Segunda Infância, e ela era um espetáculo. Carismática, seu ponto forte era a paixão que vazava pelos poros, nariz e boca, seu olhar era um capítulo à parte. Quando dava aula, ela crescia, gestos e expressões, tudo o que eu havia aprendido sobre comunicação não verbal era visto na prática, bem ali, diante do quadro negro. Não era possível tirar os olhos dela. Ela era a Professora Atômica.

Ser orientada por ela foi uma diversão, embora a insegurança de principiante me fizesse temer até que alguma palavra saísse da sua boca. Ela lia meu trabalho, diante de mim, seus olhos abriam, fechavam, mudavam de tamanho bilateralmente. Virava o rosto para um lado, para baixo, para a frente, a cervical inquieta. De repente, uma inspiração forçada, as mãos no maxilar, o cenho franzido. Além de tudo fazia uns barulhos, gramm, gramm... como se estivesse engasgada. Ai, meu Deus. Está péssimo. Ou ótimo. Talvez. Por fim, quando ela tirava os olhos do papel, olhava para mim, levantava as sobrancelhas, fazia as correções primeiro e elogiava depois, na minha sequência favorita de sentenças. Primeiro a parte ruim, e a parte boa depois da vírgula. Era absolutamente vibrante. Ela era uma criança feliz.

Li um cartaz que havia um prêmio para o melhor trabalho acadêmico, ou seja, melhor monografia do ano. Medalha e certificado. Hum... medalha! Entrei na sala dela e disse:

– Você acha que vale a pena eu...

- Sim! Sim! Sim! – interrompeu, sem que eu tivesse concluído a pergunta.

Por causa da sua certeza e de seu olhar hipnótico, fechei a porta sem me certificar de que estávamos falando a mesma coisa. Estranho isso. Antes que eu pudesse repensar, conduzi meus passos mecanicamente até o balcão da secretaria, para inscrever meu trabalho. Pé direito, pé esquerdo, um de cada vez, tagarelava minha mente furtiva.

– Por favor, um formulário! – E preenche-se os dados. – *Voilà!*

O resultado seria na nossa colação oficial.

Que dia emocionante! A beca desejada por nós, durante quatro anos, e pelos nossos pais, durante a vida inteira.

Bem verdade que meu pai talvez preferisse que fosse outra instituição, mas é possível que ele tivesse se comovido com as aulas de fisiologia cardiorrespiratória que eu lhe dera durante o percurso casa/ponto de ônibus, nos últimos anos. Quem sabe, com aquelas informações, ele tomasse a decisão de praticar uma atividade física.

— Pai, sabia que, como consequência da prática regular de atividade física aeróbia, o coração sofre uma hipertrofia excêntrica, que é o aumento do espaço interno das câmaras dos ventrículos, favorecendo o aumento do volume sistólico, ou seja, a quantidade de sangue que o coração ejeta para o corpo?

– Hum...

– Pai, sabia que a atividade física promove o aumento da força de contração do miocárdio, e, em conjunto com a adaptação crônica de hipertrofia excêntrica dos ventrículos, ocorre melhora na eficiência cardíaca, podendo o coração bater menos vezes por minuto para fazer circular o débito cardíaco?

– Hum...

– Pai, sabia que a pressão arterial sofre redução em hipertensos como adaptação ao exercício aeróbio, e não se altera em normotensos?

– Hum...

– Pai, os níveis séricos de LDL e HDL se alteram com atividade aeróbia moderada, reduzindo o colesterol ruim e aumentando o colesterol bom!

– Hum...

– Melhora o VO2 máximo!

– Previne a aterosclerose!

– A contração das miofibrilas promove a captação da glicose sanguínea pelo receptor glut4, prevenindo a diabete tipo 2!

– Hum...

– Hum...

– Hum...

VER MEU PAI PRATICANDO UMA ATIVIDADE FÍSICA REGULARMENTE SERIA equivalente a uma apólice de seguro-saúde e a tranquilidade de saber que ele estaria no caminho contrário da perda da autonomia funcional. Mas aquele dia selava o fim de horas e horas de conteúdo inútil no seu objetivo de sensibilizá-lo a mudar seus hábitos. Afinal, lá estavamos para celebrar, oficialmente, o fim de uma etapa importante da minha vida.

Como não poderia deixar de ser, a Professora Doutora Famosa havia sido convidada para ser nossa paraninfa. Em seu discurso bem elaborado, uma surpresa...

– Eu gostaria de ler a carta que recebi de uma formanda, que me emocionou muito.

E começou a ler a carta que eu lhe dera, gesto que fez minha emoção contida transbordar pelos olhos. "Seu trabalho é árduo e ingrato, pois você está lançando sementes, que germinarão longe dos seus olhos." Era minha parte favorita.

Parecia injusto pensar que todo aquele preparo e dedicação competente em nossa formação profissional afloraria bem longe das dependências da universidade, sem seu conhecimento e apreciação.

Entre os formandos, alunos do curso de Esporte e de Educação Física. Chegou a vez do senhor diretor anunciar os prêmios. Melhor Aluno – 1° Lugar, e Melhor Aluno – 2° Lugar. Eu nem sabia que existiam estes prêmios. O anúncio do ganhador do prêmio Melhor Aluno – 2° Lugar, com todo suspense digno do Dinossauro Professor Doutor Diretor.

– Cristiane Peixoto!

O quê?! Hã?! Eu?!

Mais incrível que descobrir um prêmio na hora da entrega é ser o ganhador dele! Num pulo, levantei-me do lugar e fui buscar minha medalha (vivaaaa!) na mesa do cerimonial.

A Branca de Neve foi a ganhadora do prêmio Melhor Aluno – 1° Lugar, com exatos zero vírgula qualquer coisa a mais do que eu na média ponderada do curso. Ela era muito merecedora! Era mesmo a melhor aluna da turma.

O último prêmio do cerimonial, o esperado Melhor Trabalho Acadêmico! Gostaria de dizer que anos de experiência como conquistadora de medalhas bastaram para me deixar tranquila, mas jurei dizer a verdade. *Humpf*! Agonia horrível!

– Venha receber sua medalha... Hã! – uma expressão de espanto e uma pausa – Cristiane Peixoto!

Aplausos ainda mais animados! Que incrível! Eu consegui! Senti orgulho de mim mesma e de ter dado orgulho aos meus pais! Das três medalhas, duas foram minhas! Uau! Isso havia selado, com chave de ouro, minha conclusão no curso. Um dia de muitas emoções!

Aliás, uma fase de muitas emoções, pois eu havia passado os três últimos meses numa seleção de professores para uma importante rede de academias do Brasil. Prova escrita, prova prática, horas de treinamento, sem a certeza de que seria aprovada. Eu desejava muito trabalhar naquele lugar. Uma unidade novinha, com data de inauguração para o mesmo mês do término da faculdade. Seria o início perfeito de carreira!

Acompanhei a construção daquele shopping diariamente e, em sua faixada, a área da piscina da academia. Minha paisagem favorita no trajeto USP-casa, dentro do ônibus elétrico que levava três horas para chegar ao meu destino. Cada passada em frente, uma prece. Eu desejo, ardentemente, trabalhar lá. Tão próximo de casa, apenas quinze minutos de ônibus, cinco de carro, quarenta andando. Um paraíso para quem enfrentou anos de tênis desgastados em longos trajetos a pé dentro e fora do campus, incluindo trechos com lama, mato alto, enchentes, ônibus que me levavam para casa no tempo que daria para chegar a Rio Claro, ou se eu não estivesse disposta a enfrentar esse ônibus – elétrico, tinha a opção de embarcar em metrôs lotados com esteiras rolantes humanas para ingressar nos vagões. Até hoje tenho agonia de ficar atrás de ônibus elétrico. *Sempre* descarrila! Os cobradores que trabalham neles nunca são gordos, por sinal.

Estava concorrendo a uma vaga no departamento de musculação. Era meu forte. O curso de biomecânica tinha sido excelente, era uma matéria fácil para mim. Além disso, a She-Ra me colocara no caminho dos cursos extracurriculares e dos estágios em musculação. Foi uma experiência espetacular, e me ajudou a ser uma professora diferenciada.

Como sempre digo, não tivemos muitas vivências práticas na graduação, mas essa é a parte mais fácil de complementar fora da grade curricular. A parte da formação profissional, com toda sua complexidade, conceitos, princípios, conhecimento, embasamento científico, essa era muito, muito difícil de suprir. Não trocaria minha formação por nenhuma outra.

A resposta de que eu havia sido aprovada veio mais rápido do que imaginei, e foi a primeira vez que eu senti alegria em vez de alívio – o que foi um alívio.

O fim do ano de 1999, então, foi bastante produtivo. Provavelmente, graças à lua em uma casa cujo sol predominava no ascendente da estrela vizinha do astro do meu signo, no momento que o cometa Halley adentrou o sistema solar. Nunca entendi nada de astrologia mesmo. Mas deve ter sido isso. Só pode! Tudo estava se concluindo brilhantemente, ciclos se finalizando com novos ciclos muito promissores iniciados. Até mesmo com a novela do Menino Anjo. Mas ninguém vai querer saber, não é?!

ACORDO CEDO, ACOSTUMADA COM O HORÁRIO DO ÔNIBUS PARA A FACULDADE. E agora? O que fazer a partir da graduação? O caminho mais lógico era cursar uma pós-graduação e, dentre os cursos disponíveis, escolhi Ginástica Postural Corretiva, já que os desvios posturais e problemas articulares eram muito frequentes entre os idosos, e esse conhecimento poderia me ajudar na eficiência dos exercícios ministrados.

O curso foi satisfatório e durou um ano e meio, correndo em paralelo com o início das minhas atividades na sala de musculação da academia e com os primeiros clientes personalizados. Um dos primeiros, um casal de sessenta e nove anos. A esposa, uma mulher de estatura baixa, obesa e com um semblante de quem sentia muita dor. O marido, um senhor bonito, de olhos azuis e cabelos brancos, foi claro em dizer que estava lá porque não aguentava mais ver sua mulher sentir dor...

– Não podemos viajar, ela não aguenta. Cansa para andar daqui ali. Nunca fizemos nada, eu nem preciso disso, mas vou me matricular também para incentivá-la – explicou.

Ele começou a ter aulas com uma colega, e ela comigo, no mesmo horário. Era fofo ver os dois cruzando caminhos pela sala de musculação, com um sorrisinho. A história deles me fez refletir muito. Bem-sucedidos, construíram seu patrimônio do zero. Trabalharam arduamente lado a lado, até ela engravidar do primeiro filho. Com a mesma naturalidade, engravidou do segundo e, muito tempo depois, sem querer, do terceiro. Passou mal durante os nove meses de cada um, vomitando sem parar. Estar grávida era um martírio para ela. Foram progredindo na vida com muito trabalho e dedicação. Ele ampliando seus investimentos, ela cuidando da família. Ela havia tido uma infância muito pobre, não tinha nenhuma boneca para brincar, e por isso tinha uma coleção em seu belo apartamento. Eu a chamava de Nenê. As aulas foram fazendo bem a ela. Sentia menos dores, estava sempre bem-humorada, estava ganhando força, andando melhor, estava mais flexível – embora deva dizer que ela até me beliscava enquanto eu a alongava. Para quem tinha começado forçada, sem escolha, eu juraria que ela estava adorando fazer as aulas! Eu perguntava:

– Você está gostando agora?

– Não – fechava o semblante e balançava a cabeça repetidamente. – Deus me livre! – acrescentava.

Tive a oportunidade de conhecer sua primeira nora, a Bela Dona, e de treiná-la também, anos mais tarde. Pelas histórias que ela contava, a Nenê havia sido uma sogra e tanto. No início do seu relacionamento com o primogênito, ela conta uma passagem em que havia chegado para um almoço, e foi ajudar a futura sogra na cozinha.

– Fatie a couve, desta forma, bem fininha! – comandou.

A vontade de agradar, e fazer como foi pedido, a fez levar tempo demais naquela simples e delicada tarefa. A sogra não teve paciência:

– Dê isto aqui! Você está demorando demais! – reclamou.

E muito se seguiu, entre comandar e reclamar, coisas que as duas morrem de rir, hoje em dia. A Bela Dona era uma mulher muito sábia, certamente. Ganhou o coração da Nenê – o que não era tão simples quanto parecia. Para mim, era difícil imaginar que aquele doce de mulher pudesse ser, ou ter sido, durona com alguém. No ínterim desse relacionamento, o final do curso de pós-graduação e a necessidade de avançar para o próximo passo, que seria um mestrado.

Não demorou muito para perceber a pergunta que se tornaria meu problema de pesquisa, uma pergunta que pairava em meus pensamentos constantemente: "Por que *eles* não fazem?". Já que a ciência, os médicos, os familiares, a mídia e tudo contribui para a prática de atividade física entre os idosos, por que *eles* não fazem? Por que a estatística mostra a maioria esmagadora de idosos sedentários, em um índice ainda maior do que o resto da população, sendo que *eles* são os que mais necessitam e mais podem se beneficiar dessa prática? Não compreendo. Tantos como aquele casal, tantos como a Nenê, cujas vidas foram positivamente impactadas pelo poder do exercício, e tão poucos buscam essa simples e indolor solução.

Certa de meu problema de pesquisa, e com uma coisa crua e amorfa que chamei de anteprojeto (se é que isso existe), procurei minha querida e saudosa Professora Doutora Famosa. Além de poder seguir minha formação acadêmica, ser orientada por ela proporcionaria um bom tempo extra junto de suas habilidades, aprofundando e intensificando meu aprendizado.

Quando entrei em sua sala, na universidade, ela me recebeu muito bem. Tivemos aquela conversa "quebra gelo" de praxe, o que me ajudou a controlar sofrivelmente minha respiração, pois estava prestes a pedi-la em casamento, e teria como resposta um sim ou um não. É mais ou menos assim que entendo essa relação orientador e orientando, num programa de pós-graduação *stricto sensu*, é como um casamento – com duração de três anos, no caso. Cabe ao orientador examinar o projeto, verificar se ele está dentro de sua competência e linha de pesquisa, e se o orientando tem a credibilidade e o currículo compatíveis com um candidato à pós-graduação na distinta instituição. Sem falar nas afinidades pessoais, que são muito importantes, de fato.

Minha vontade era de começar dizendo que, para mim, ser orientada por ela era meu destino. Foi quase isso que acabei dizendo, desajeitadamente. O fato é que ela acompanhou, com a vivacidade que sempre lhe foi típica, toda a longa explicação do raciocínio lógico que me trazia àquele momento. Amo trabalhar com idosos, sou sua fã número um, tenho muito a aprender, desejo fazer um mestrado para explicar o comportamento sedentário dos idosos, e com isso contribuir com conhecimento para ações diretas e indiretas da sociedade e do profissional na promoção da adesão do idoso em programas de atividades físicas. Imagino que não tenha sido meu anteprojeto que produziu efeito, nem minhas medalhas de “melhor isso” e “melhor aquilo”, nem minhas boas notas, nem mesmo meu discurso inflamado e notoriamente fora de controle. Ela procurou bem as palavras, e com aqueles olhos semipuxados e indecisos entre o verde e o mel, olhou-me profundamente e disse umas coisas que poderiam ser consideradas um “sim”. E me convidou para iniciar no grupo de estudos dela, assim poderia entrar em contato com as demais orientandas, com as pesquisas em andamento e com as suas colegas doutoras importantes.

Alegria. Alegria. Já estava me acostumando à sensação. Que era breve, a propósito, quando me dava conta do tamanho do processo que iria enfrentar, em alguns meses. A primeira etapa, e a mais difícil – na minha opinião – já tinha passado: conseguir a carta de aceitação do orientador. Além disso, deveria entregar, na secretaria de pós-graduação da USP, meu currículo acadêmico, meu projeto, que deveria ser duzentas vezes melhorado, e o certificado de aprovação no exame de inglês de uma tal reconhecida instituição de ensino. Após a entrega da documentação, haveria uma prova teórica, com as referências bibliográficas cedidas por eles, e uma entrevista com a banca examinadora. E, então, a partir de qualquer dia de novembro de 2001, teríamos a resposta para a matrícula no início do ano seguinte.

Em paralelo, estava vivendo a fase negra. Minha vida pessoal andava na desproporção da profissional. Estava colhendo anos de plantio feminista, vivendo uma grande solidão, desmotivada, apesar de tudo. Ingressar no mestrado era assustador, pois eu nem imaginava como poderia acrescentar horas de estudo nas horas de trabalho e escravidão. Iniciava meu trabalho às seis da manhã, e tinha dias que terminava após as dez da noite. Dinheiro? Ganhava bem, pelas minhas referências da época. Mas, nesse período, tive a conta no vermelho algumas vezes, e até um cheque devolvido no valor de vinte e dois reais, de um delivery de comida japonesa. Sem investimentos, a não ser no cheque especial. A pior parte de tudo isso era lembrar as palavras do meu pai, quando escolhi fazer Educação Física: "Você vai morrer de fome!". E, após tanto remar, sentia que estava indo direto cachoeira abaixo. Talvez ele estivesse certo, como sempre.

Dias e dias passavam com alguns intervalos entre uma aula de *personal* e outra, intervalos inúteis e improdutivos. Alguns, dormindo no carro, outros em conversas vazias e superficiais com colegas de trabalho ou alunos. Como alguém pode se desmotivar tanto, com tanta perspectiva pela frente? Fase negra. Influências. Sei lá. Mas quem já não sentiu coisa assim? E todos nós, que já nos sentimos levados pela correnteza de tarefas diárias e sem sentido, sabemos que, quando olhamos, o tempo passou depressa demais. Neste caso, o tempo passou tão depressa que eu estava a uma semana do início do prazo de inscrições para o mestrado. Já tinha feito tudo, já tinha sido aprovada no exame de inglês, já tinha o currículo, a carta, mas meu projeto não tinha sido finalizado. Minha orientadora já havia feito várias correções, mas ele ainda estava duzentas vezes longe do ideal. Não seria possível entregá-lo daquele jeito. Então, eu desisti. Nem senti nada. Só desisti, e expliquei tudo a mim mesma: tinha sido um ano ruim. Poderia tentar de novo no próximo.

A minha mente não era como hoje, ou como antes disso tudo. Eu nem me lembrava de mim. Não me lembrava que era aquela garota de garra, de luta, de não se negar uma oportunidade, e que tinha jurado a mim mesma nunca desistir. Eu era como Peter Pan em *De Volta à Terra do Nunca*: já tinha me esquecido de quem era, e de que podia voar. Em vez disso, arrastava dias vazios e lutava contra a própria conta corrente. De repente, a gente se perde, invariavelmente, de nós mesmos. E o pior, nem nos damos conta do desaparecimento idiopático desse ser tão importante em nossa vida: o "Eu".

Na terça-feira da semana de prazo para as inscrições, uma amiga me perguntou se eu já havia me inscrito. Respondi que não tivera tempo, que as inscrições encerrariam na sexta, e que eu deixaria para o ano seguinte. Tomada de uma inspiração celestial, eu acho, ela me deu uma grande bronca, e disse que daria muito bem tempo de me inscrever. Algo naquelas palavras despertou um gigante adormecido. Ela tinha razão, eu era capaz de terminar o projeto naqueles poucos dias. Sem permitir que a palavra "cansaço" existisse na lista de conceitos do meu vocabulário mental, cumpri meus compromissos de trabalho e, chegando em casa à noite, lá pelas dez da noite, sentei-me, confortavelmente, em frente ao computador, espalhei artigos da tímida revisão bibliográfica e as resenhas que fizera nos meses anteriores, e me pus a escrever.

Madrugada. Nunca vou entender as pessoas que madrugam, para trabalhar, por preferência, ou mesmo por insônia incontrolável. Lutando com meu sono disciplinado, avancei o máximo que pude, no trabalho e na noite, até que meus dedos não digitassem mais coisa com coisa. O dia seguinte foi arrastado, mas eu tinha uma boa razão, estava finalizando meu projeto de mestrado para ingressar na USP! Este processo se repetiu mais uma noite, e mais outra, até que, na sexta-feira de madrugada, estava concluindo cedo meu trabalho, e deveria levá-lo à universidade após cumprir minha jornada laboral matutina. Era uma hora da manhã e eu, finalmente, cliquei em *imprimir*, grata e satisfeita, orgulhosa de ter concluído com êxito a batalha.

OPS... erro, erro, erro, algo errado com a impressora. Liga, desliga, reinicia, e erro, erro. Essa não! Não é possível, nem justo! Tentei, insistentemente, resolver aquele problema, e, quando passou das cinco, minha mãe percebeu que ainda estava acordada, veio me ajudar, e teve a ideia de ligar para minha tia, de manhã, para pedir que ela imprimisse. Feito isso, com muito cansaço, cheguei àquele balcão, para entregar meus documentos, faltando menos de uma hora para encerrar o expediente da secretaria. Alívio. Alívio.

As demais etapas, a prova e a entrevista, passaram sem dificuldade. No dia da divulgação do resultado telefonei para a secretaria, a atendente que me conhecia da graduação ficou satisfeita em dizer que eu havia sido aprovada. É ótimo dar uma boa notícia. Entre chuvas e tempestades, aquele raio de sol veio trazer uma nova fase e renovar as esperanças de um futuro melhor.

FEVEREIRO DE 2002, MATRÍCULA EFETUADA NO MESTRADO, disciplinas para cursar, alunos particulares que tive que deixar, uma grande mudança na rotina. Sem janelas, sem horas vagas para conversas inúteis ou cochilos no carro, graças a Deus. Somente estudo, trabalho, dias longos, poucas horas de sono, alimentação desregrada. Três anos pela frente, até a defesa da dissertação, que me roubaram alguns quilos e eventos sociais – devo dizer.

Meu projeto era baseado na análise do discurso e eu deveria realizar entrevistas com idosos, transcrever integralmente cada uma e estudar bastante os conceitos acerca das representações sociais. No entanto, embora tivesse sido aprovado, meu projeto ainda não estava claro para mim quanto à metodologia, e eu sentia que precisaria fazer alguns ajustes para ficar mais coerente com a proposta.

Meses depois, a Professora Doutora Famosa me chamou de lado, após uma reunião do grupo de estudos, disse que estava realizando cursos em uma importante convenção na área da Educação Física, mas que estava precisando deixá-los, e gostaria de me indicar para ficar em seu lugar. Inacreditável! Jovem demais, ainda sem experiência, acabara de iniciar o mestrado, como eu poderia ser indicada para ministrar cursos de atividades físicas para idosos nessa convenção? Ela disse que achava que eu tinha o perfil – que *perfil*? Gostaria de dizer que foi uma sábia voz dentro de mim, mas sei que foi mesmo o pânico que me deixou muda, sorrindo, e balançando a cabeça, assentindo, feito boba. Negar seu pedido foi a primeira coisa que me ocorreu, mas a pateta engessada só fazia sorrir e balançar a cabeça – o que deu espaço para ela continuar, dizendo que, então, me apresentaria à pessoa que coordenava os cursos lá. Essa pessoa entrou em contato e eu, tentando parecer mais velha, gentilmente, marquei a reunião do outro lado da cidade, em seu escritório, sem pensar nos compromissos que deveria desmarcar.

No dia da reunião, a velha amiga ansiedade. Era o máximo estar ali! Eu havia feito inúmeros cursos nessa convenção, durante todos os anos da graduação. Uma mulher bem-vestida, de cabelos vermelhos e curtos, com olhos de um castanho-escuro penetrante, recebeu-me. Eu estava levando a proposta impressa de um curso, que ela também tinha em mãos, mas pude perceber que seu objetivo maior era me conhecer. Numa conversa descontraída, falei sobre mim. Muito resumidamente, confesso. Ela sorria com facilidade, e ria bastante também. Dizia que tinha muita intuição, e que buscava segui-la sempre. Ela possuía uma posição de status na minha área, muitos profissionais sonhavam em passar pelo seu crivo, pelo crivo da sua intuição e bom senso, acompanhados de ampla visão de mercado, conhecimento, competência e a sabedoria de uma mulher vivida e experiente. No entanto, era de uma simplicidade e humildade exemplares. Ela era como a Fada Madrinha. Gostei dela, de imediato, e ela também gostou de mim, afirmou antes da longa reunião terminar. Ao sair de lá, já estava contratada para a próxima convenção, no ano seguinte, para ministrar aquele curso, com pouquíssimas alterações. O caminho de volta foi muito feliz! Não parava de pensar que maravilha estava acontecendo! Com apenas vinte e cinco anos estaria estreando como palestrante, na principal convenção de Educação Física do Brasil! Junto com a alegria, a preocupação, que me fez planejar a palestra com muita antecedência, e estudar livros de palestrantes famosos, sobre comunicação e oratória.

Por sorte, eu estava engajada nas questões acerca do programa para idosos desenvolvido na USP pela Professora Doutora Famosa. Tinha uma bagagem real, prática, das experiências e dos desafios daquele trabalho, bem como minha visão pessoal, sobre as coisas que eu concordava e as que não, as coisas que poderiam ser melhoradas com estratégias simples e o conhecimento que eu trazia das outras áreas, como biomecânica, fisiologia, musculação.

Fazer parte do grupo de estudos da Professora Doutora Famosa tinha trazido a honra de participar de alguns momentos especiais com *eles*. Minha mente fora presenteada com os relatos daqueles idosos, alguns lidos na tese de doutorado da minha orientadora, outros ouvidos diretamente deles, relatos que impactaram meus pensamentos, e foram mudando, pouco a pouco, meu modo de enxergar a velhice.

Teve aquela aluna linda, uma senhora de idade avançada, com um rosto perfeito, sorriso lindo, corpo elegante, postura de rainha. Como eu admirava aquela mulher. Na entrevista de coleta de dados socioafetivos, ela confessou, com tristeza...

– Não consigo me olhar no espelho. Eu olho a mulher horrível, enrugada, e não me reconheço. Fiquei muito feia, não sou mais eu. Não sei quem é essa velha que me olha de volta, refletida.

Foi um choque. Linda como era, imagino que tenha sido mais bela na juventude, certamente, mas como é que alguém consegue viver assim?

Teve aquela outra, de quase oitenta anos, que um dia foi flagrada aos prantos pela filha, que perguntou o motivo do choro:

– Eu me olhei no espelho hoje, e descobri que estou velha!!!

Quê? Como assim? Só descobriu hoje?!

Teve algumas que estavam maravilhadas com a velhice, e com a viuvez.

– É a melhor fase da vida! Já criei os filhos, já cumpri meu trabalho, já cumpri meu dever, não tenho marido para encher o saco! Ninguém me impede de fazer o que eu quiser! Posso ser o que me der vontade! Não tenho que prestar contas da minha vida a ninguém e não estou nem aí para o que dizem! Viajo, curto a vida, vou ao baile, tenho tempo para coisas que nunca tive! (risos)

Um discurso que se repetiu muitas vezes, deixando-me ansiosa para envelhecer! Outro discurso repetido:

– Depois que meu marido morreu, eu comecei a viver! Que Deus o tenha, mas Deeeeeus me livre!

Isso poderia parecer frio e insensível, mas eu as compreendo, pobres mulheres, vítimas dos homens de mau gosto e sem coração! Que bom que viveram mais que eles, para aproveitarem o resto da vida. Muito justo. Bem feito! Espero que seja um "resto" considerável, ao menos.

O DIA DA CONVENÇÃO FOI MARCADO EM TONS FOSFORESCENTES NO CALENDÁRIO. Meu curso teve um número considerável de inscrições, dentro da média esperada para o tema, e teria duração de dez horas/aula. Por dentro, um turbilhão barulhento de ventos e gemidos – os efeitos da adrenalina em excesso no sangue e as lembranças das leituras recentes sobre atitudes proativas de uma boa palestra. Duas amigas estavam na sala, incumbidas de me dar o *feedback*, sincero, do resultado final. Apesar da inexperiência e da agitação interior, senti-me deliciosamente conduzida por bolsões de ar quente em cada palavra que saiu da minha boca, e em cada gesto corporal. Sentia meu olhar vivo, em contato com os participantes, que me devolviam o olhar, hipnotizados. Tive vontade de me sentar e assistir ao curso, em alguns momentos. Parece que, mais uma vez, uma coisa se apoderou de mim, uma luz, uma força, e eu não estava fazendo aquilo sozinha. Foi delicioso. Ao final, pessoas emocionadas e abraços calorosos de gratidão e admiração – *O que foi que eu fiz aqui? Quem fez isso com esse povo?* Era hora do *feedback* sincero das minhas amigas. Precisava muito dele! Adoraram. Uma delas, a Biscoito, como costumo chamá-la, estava maravilhada e não continha sua diarreia de elogios. Eu nasci para isso! Uau!

Alguns meses depois, toca o celular numa terça-feira. Era o professor de uma disciplina da minha graduação, e parecia bastante tenso. Disse que estava coordenando um evento em uma instituição, que seria na quinta-feira, e havia uma palestra divulgada e aberta ao público, mas a palestrante ligara para cancelar sua presença. Ela era uma colega de faculdade, e o tema era sobre depressão e atividade física, que fora sua monografia, mas também fora tema de um trabalho que realizamos em grupo para a conclusão de uma disciplina. Ela lhe disse as meninas que haviam composto o grupo, e que poderiam substituí-la. Ele tentou outras duas, mas elas não aceitaram. Estava ligando para mim, que era sua última opção.

Para resumir, ele estava pedindo que eu, em um dia e meio, elaborasse uma palestra de sessenta minutos aberta ao público em uma distinta instituição, sobre um trabalho que eu tinha realizado em grupo seis anos antes. Sem mencionar que o trabalho estava em disquete, com aquela colega, e eu nada tinha de material dele, para relembrar e criar os slides. Detalhe importante é que eu tinha que trabalhar e fazer as aulas do mestrado, e pegaria aquele ônibus de novo para casa, chegaria às onze da noite, tendo apenas a madrugada de quarta para quinta para preparar a apresentação. Devido a todas essas circunstâncias, eu disse sim, ignorando-as completamente.

Desacreditada da minha incapacidade de dizer não, fui pagar o preço do meu novo, recém-chegado, compromisso--relâmpago tamanho-família. Em vinte e quatro horas, deveria ir à biblioteca da USP retirar o livro principal que utilizamos para fazer o trabalho, lê-lo no ônibus de volta para a academia, relembrar os fatos ocorridos seis anos atrás, trabalhar, trabalhar, trabalhar mais um pouco, chegar em casa e criar os slides para sessenta minutos de palestra, separar uma roupa mais social (dentro das possibilidades sofríveis), tomar banho, tentar dormir no tempo que sobrasse.

No dia seguinte, acordo cedo, tendo dormido muito pouco, mas energizada pelo tamanho da encrenca que estava por vir. Ainda bem que deve ser um evento pequeno, e uma palestra para poucas pessoas, já que era livre e ninguém havia confirmado a presença. Com sorte, ficarei bem mais à vontade do que naquela grande convenção.

Ao chegar lá, banners gigantes, muitas pessoas circulando, a Estação Especial da Lapa. Fui ao encontro do meu anfitrião, que me conduziu à sala da minha palestra. Essa não. Um imenso auditório, com plateia que ia subindo, um grande palco, e um telão gigantesco para projetar os mais recentes slides do planeta. Iluminação especial, daquelas que você não enxerga nada na plateia. Alguém pegou o *pen drive* de mim e, quando percebi, o primeiro slide já estava projetado. O professor comentou algo sobre a presença de um senhor importante na política e do – não sei o que lá – do prefeito e do coordenador do – entrando em pânico, não estou conseguindo me concentrar em nada! Ele estava com uma expressão feliz, e eu estava tentando repassar nossa conversa por telefone há menos de quarenta horas, em que ele não mencionou nada sobre a magnitude daquele evento. Entendo por que estava tão angustiado.

As pessoas começaram a entrar, entrar, entrar. *Deus me ajude de novo*. Ia fazer o melhor que eu pudesse. Analisar cada palavra com cuidado, falar a respeito dos conceitos que havia trazido, e sempre exemplificar com situações vividas no Instituto de Psiquiatria do Hospital das Clínicas. Foram experiências marcantes. Ministramos algumas sessões de atividade física para as pacientes internadas com depressão grave. Em princípio, era para atendermos somente as com depressão, mas acabamos incluindo todas as mulheres que desejaram participar com outros diagnósticos, esquizofrenia, psicoses, neuroses, todas internadas. Nossa pesquisa mostrou melhora estatisticamente significativa nos estados de humor das pacientes com depressão, e até ganhou um prêmio de melhor pôster de iniciação científica em um congresso pela Faculdade de Medicina da USP. Foi um ótimo trabalho, e eu tinha toda essa bagagem prática para me ajudar naquele momento tenso. A cada história que contava, aumentava a participação e o interesse da plateia. Finalizei a palestra com uma ótima sensação, de missão cumprida, de alívio e também de alegria. Ver como as pessoas passavam por mim, ao sair do salão nobre, sorrindo e me olhando nos olhos, parando para me tocar ou me abraçar, agradecer, era mais revigorante do que horas e horas ininterruptas de sono. Quando todos saíram, o professor se aproximou para falar comigo. Era em ouvir o que ele iria dizer que eu estava mesmo interessada. Parabenizou-me, com seu clássico e acolhedor sorriso, disse que não imaginava que eu fosse tão didática. Por fim, meu pagamento: um convite para que eu desse aulas no curso de pós-graduação que ele coordenava, nas próximas turmas de São Paulo. Disse que me daria quatro horas de aula em um sábado, com o acompanhamento da professora que estava à frente da disciplina de envelhecimento. Como ela estava assumindo muitas turmas e disciplinas, seria ótimo que eu ficasse com a parte de envelhecimento. Se corresse tudo bem, ele me daria um dia inteiro e depois o fim de semana e depois as turmas fora de São Paulo, no Brasil inteiro. Uau! Era maravilhoso! Eu estava sentindo um imenso orgulho por ter enfrentado aquela situação tão complexa, era como encontrar uma pepita de ouro entre as rochas. O resultado disso foram dezenas de aulas entre 2004 e 2010, no Brasil inteiro.

Logo depois, recebi outro telefonema. A Fada Madrinha estava me convidando para meu primeiro curso fora de São Paulo! Em Sal-va-dor!!! E ainda seriam dois cursos, para aproveitar minha ida para lá! Passagens pagas, hospedagens pagas, ajuda de custo na alimentação e um bom cachê! Ela era mesmo a Fada Madrinha! Amo viajar de avião! Amo dar cursos! Ia conhecer Salvador em grande estilo! Uau!

O ano: 2004. Muitas coisas boas estavam acontecendo, especiais, até mesmo incríveis, e eu tinha uma sensação contínua de gratidão por isso. Entretanto, ainda estava vivendo a fase negra, minha vida pessoal estava em frangalhos, e eu não me sentia feliz. O tempo passava sem que eu tivesse a menor chance de cumprir as metas estabelecidas: não produzia o mínimo necessário na dissertação de mestrado, finalizava meus trabalhos das disciplinas que cursava na última hora e abaixo do que eu considerava satisfatório e passava meus dias engolida pelos compromissos da vida diária.

O prazo para inscrever minha dissertação para o exame de qualificação estava se aproximando, e ainda havia muitas correções a realizar, e muitos artigos para resenhar e finalizar minhas referências bibliográficas, que já tinham mudado de direção algumas vezes. Já tinha realizado as entrevistas e passado tempo demais transcrevendo-as integralmente no computador. Mas ainda faltavam as análises do discurso, e buscar as representações sociais, e isso era complexo e demorado. Para o exame de qualificação, não era necessário concluir isso, ainda bem. A qualificação era uma etapa prévia à defesa da dissertação, para que pudesse ser avaliada pela banca examinadora antes do veredito final, prevenindo reprovações por falhas metodológicas ou algo do gênero. Pela proximidade do prazo, minha orientadora me chamou para a sua primeira bronca:

– Sei que você é capaz de produzir rapidamente, mas, nesse processo, há mais pessoas envolvidas, e elas não têm o seu ritmo. Você não pode contar que eu vá corrigir seu trabalho em pouco tempo. Tenho muitas tarefas e preciso de tempo hábil para isso. Quanto antes você finalizar, melhor.

Eu estava em apuros. Aquelas palavras foram ditas com carinho e suavidade, mas entraram como uma faca fria e enferrujada na minha garganta. A gente acha que ninguém percebe nossos tropeços, nossas falhas, nossa procrastinação, mas, no fim, os que menos queremos decepcionar nos dão aquele "chacoalhão". A verdade é que estava me sentindo um tanto incapaz, perdida em meio aos artigos, às resenhas, ao desafio de começar a analisar aquelas falas que pareciam sem sentido e vazias. Minha função seria procurar a mensagem dentro do discurso, mas o discurso parecia não ter mensagem alguma. Aquilo era frustrante e angustiante. Eu já tinha esperado tempo demais, e não havia mais solução, a não ser encarar.

Horas de trabalho se seguiram, frente ao computador, com papéis espalhados onde quer que houvesse um espaço vazio. Entreguei o trabalho para a qualificação, foi examinado, aprovado, e um breve alívio ocorreu antes que eu me lembrasse que restavam apenas dois meses para o fim do ano e para o fim do meu prazo. Em menos de dois meses, eu deveria finalizar tudo, as análises, a discussão, a conclusão, a formatação, e a minha orientadora teria que corrigir tudo, sugerir alterações, que deveriam ser atendidas, para recomeçar o processo: produção – correção – alteração – produção – correção – alteração. No tempo dela, o que era pior. Um pequeno detalhe, o último mês era dezembro. Tinha o Natal, o Réveillon, ele tem, com otimismo, duas semanas apenas. Em janeiro, ela estaria de férias, e minha entrega final na secretaria tinha prazo máximo de fevereiro, portanto eu tinha menos de cinquenta dias para que nascesse o filho gestado nos últimos três anos.

Num acesso de pânico, PEDI DEMISSÃO.

Não pude conter a emoção ao me ver diante do meu chefe, demitindo-me. Sem poder explicar a longa história que me trazia àquele momento, disse apenas que precisaria me demitir, para concluir meu trabalho e cuidar da vida.

Em um dia, um emprego é tudo o que você mais deseja, no outro, é a ponte que precisa ser quebrada para você conseguir (ou não perder) algo que considera maior. Só pensava em resolver a situação naquele momento, e não teria tempo hábil para concluir o trabalho com aquela carga horária profissional. Eu deixaria para trás meus queridos alunos, meus amigos, meu dinheiro e meu emprego. E de maneira especialmente triste, também teria que me despedir daquele homem.

UM PAPO DESCONTRAÍDO NO BALCÃO DA MUSCULAÇÃO, fora do meu horário de trabalho. De repente, olho para baixo e vejo uma panturrilha. Duas, na verdade. Os maiores e mais bem-feitos gastrocnêmios que já vira. Subo o olhar. Logo acima deles, uma bela região poplítea e, logo acima, belas coxas, com isquiostibiais bem torneados, tudo em uma simetria desconcertante. O short esportivo curto denunciava que a proporção subia um pouco mais. No topo da muralha masculina digna de um Davi, um belo rosto, sobrancelhas grossas contornando um olhar espantado, apontado para mim. Ops... ele me flagrou medindo cada centímetro abaixo, e estava se olhando, como quem procura o que estava errado consigo. Corei. Sem graça, disfarcei – como se fosse possível – e voltei ao meu papo chato com algum colega.

Quem é esse Deus Grego?! Nunca o vi aqui. Aluno novo, com certeza, como todos os outros, já que a academia tinha inaugurado fazia poucos meses. Trato de descobrir seu nome. Não demorou muito, também descobri sua namorada. *Humpf.* Ela não era propriamente uma beldade. Isso quer dizer que ele não devia dar tanta importância às aparências, o que lhe garantiu pontos extras no meu conceito.

O relacionamento deles parecia bem sério. Eles chegavam juntos, treinavam juntos, saíam juntos. Eu não tinha nem esperanças, nunca investi sentimentos em homens comprometidos. Era apenas uma bela visão.

Dois anos e meio se passaram, até que um dia ele me procurou na sala de musculação e pediu que eu lhe montasse um treino. Fiquei surpresa, ele nunca havia dirigido a palavra a mim, nem um "boa noite", nem um "oi", nem um "tchau", mal-educado. O professor que montava os treinos dele havia se desligado da academia, de modo que ele precisaria de outra pessoa. No nosso primeiro agendamento, descobri que ele tinha terminado com a namorada. Eu nem havia notado. Ele era um aluno aplicado, de forma que, periodicamente, estávamos trocando os treinos, e aproveitando o momento para longas conversas.

Seis meses se passaram, eu já o considerava um amigo. Tínhamos muitas afinidades, ele já estava namorando uma colega de trabalho, mas estava sempre me falando sobre as coisas que não gostava em seu relacionamento, sobre o comportamento imaturo e irritante da parceira. Algum comentário abstrato fazia minha imaginação compreender o porquê, apesar de tudo, ele ainda ficava com ela... Homens!

Tínhamos conversas descontraídas e falávamos sobre assuntos diversos. Certo dia, ele disse que havia terminado com sua namorada. Passou bastante tempo para eu me dar conta de que, talvez, nós pudéssemos ser mais do que amigos.

Era difícil para mim compreender o óbvio. Já tinha muita gente falando que ele gostava de mim, que tínhamos algo diferente, um certo clima no ar. Eu era a garota perdida, na fase negra da vida, que tinha trancado o coração, especialmente para amigos…

Um dia, no entanto, me enchi de coragem, assim que o vi nos alongamentos iniciais, disse:

– Estava pensando se não poderíamos almoçar juntos qualquer dia…

(…) – isso mesmo, uns segundos sem dizer nada.

– É… vamos ver! Quem sabe um dia… – despistou.

Que ótimo, eu não tenho sorte! Inacreditável! A pior parte, nesta hora, é arranjar um rumo completamente cento e oitenta graus para continuar a conversa, sem criatividade e envergonhada.

No entanto, com os dias, ele vinha com "conversinhas"…

– Você gosta de cereal de banana?

– Hum… gosto, por quê? – perguntei curiosa.

– Comprei um que lançaram e é muito bom! Estava no mercado outro dia me perguntando se você gostava, poderia levar um para você… – explicou, desastradamente.

– Ah… que bom! Deve ser… – papo de maluco.

Até teve outras conversas malucas no gênero, mas essa foi a campeã. Quem dá um fora em uma garota em um dia e, no outro, fica lembrando dela em frente à estante de cereais matinais?

Àquela altura, eu já tinha elaborado bem a ideia de estar com ele e me sentia, depois de muito tempo, apaixonada. Monstros e dragões assombravam minhas lembranças, estar apaixonada era nocivo e perigoso, eu não levava jeito com isso. Além de tudo, homens… não se pode confiar neles, não se pode!

Após colecionar algumas evidências, decidi que iria tomar uma atitude. Disse a ele que precisava conversar. Sentamos à mesa da lanchonete, ignorando os ruídos do ambiente e possíveis observadores enxeridos.

– Eu quero te dizer que andei pensando, hum... na gente, na nossa amizade, e acho que a gente tem tudo a ver! Acho que a gente poderia ser bem mais do que amigos, eu estou gostando de você!

– (...) – maldita pausa técnica, olhos arregalados e sobrancelhas elevadas... ops, isso não é bom – É... você é uma boa amiga! – disse, por fim. – E eu não quero que nada estrague nossa amizade... – continuou, matando-me.

A frase "Com licença, eu vou ali enfiar minha cabeça na privada" foi substituída por um sorrisinho de Monalisa, em resposta ao mais vago e abstrato fora que já levara. Diante de mim, ele conseguiu fingir que eu nada tinha falado. O Menino Anjo foi mais criativo: "Nossa, que máaaaximo! Vamos para a aula e na saída a gente conversa!", foi sua solução, e depois não apareceu na saída da aula, e no dia seguinte, teve amnésia permanente, nunca mais tocou naquele assunto. Definitivamente, eu tinha horror a declarações de amor, e sempre escolhia a lua errada para fazer isso, pelo jeito. Eu devia mesmo ser muito feia. *Argh*!

O cretino – o que estava na minha frente – ainda insistiu nesta conversa de não mudar nada na nossa amizade, dizendo, com todas as letras:

– Não quero que você mude comigo por causa disso, não quero ver você sem graça comigo! Não quero que nossa amizade mude!

Ah, meu Deus, tudo o que é ruim pode mesmo piorar!!! Socorro!!! Bem que poderia ter acontecido um daqueles blackouts naquela hora, ou um inesperado terremoto fora das placas tectônicas, em plena zona leste de São Paulo!

Vexame. Bem que as minhas amigas tinham razão. Homens são caçadores, gostam de tomar a iniciativa. E eu sou uma pessoa acostumada a correr atrás do que quero, é angustiante não poder fazer nada. Sentar e esperar a criatura tomar uma atitude... eu esperaria até mofar, a julgar pela minha história amorosa, de zero namorados. Eu iria completar vinte e seis anos no próximo mês, e nunca tinha tido um namorado! Ninguém que tivesse me convidado para jantar, ninguém que tivesse entrado na minha casa, conhecido meus pais, ninguém para eu andar de mãos dadas, ninguém de quem reclamar. Feia. Feia. Feia. Menina feia e apressadinha! Mas eu preferia ficar sozinha para sempre a ter que fingir, jogar, não ser sincera com meus sentimentos. Nem saberia como esperar! Você fica fingindo que não quer uma pessoa enquanto outra vem e casa com ela. Super inteligente! Caçador é quem tem mais fome, afinal.

Como combinado, continuei com meu comportamento "normal". Eu também sabia fingir que nunca tinha me declarado. Eu também sabia fingir que um dia nunca aconteceu.

Logo depois, um grande amigo nosso daria uma festa de aniversário e um *open house*, para inaugurar seu novo apartamento. Estava ansiosa para me arrumar de forma irresistível, e encontrá-lo lá. Quem sabe seria a ocasião perfeita!

Quando eu cheguei, procurei pelo anfitrião no salão de festas. Alguém falou:

– Ele levou uma turma para ver o apartamento, pegue o elevador até o quinto andar e encontre-os lá.

Obedeci. Chamei o elevador. Abriu as portas. O Deus Grego estava lá dentro, abraçado com uma loira estonteante.

Eu nem sabia que eles tinham voltado! Uma parada cardíaca, um golpe no estômago, seguidos de um sorriso provocado por contrações voluntárias dos músculos faciais, expondo alguns dentes rangidos:

– Oi! – grrrrrrrr.

Ele me devolveu a surpresa. Finalmente estava conhecendo a maluca desvairada e... linda.

O anfitrião me recebeu com um forte abraço e alegria! E, logo depois, me levou para conhecer seu belo *loft*.

A festa foi um arraso! Ainda bem que tinha duas amigas lá. Resolvi me embriagar na dança, e dancei, livremente, como bem sabia. Meu olhar procurava pelo dele, disfarçadamente, sem que ele tivesse retribuído nenhuma vez. Porcaria! Aquela mulher sorrindo era de matar... quanto mais ela sorria, mais eu dançava. Fiquei atrás dela na fila do self-service, cabelos perfeitamente... loiros.

Os meses seguintes foram absolutamente "normais". Ele continuava com as reclamações com sua namorada, na enésima ida e vinda, o que eu nem respondia... Ah, eu poderia ser uma namorada muito melhor. Babaca! Ainda por cima, diante de tudo isso, vinha com "conversinhas" outra vez...

– Você é a melhor mulher que eu conheço – declarou certa vez...

(...)

(...)

É de se imaginar, que minhas mãos foram atraídas, imediatamente, para o seu pescoço!!! Mas em vez de me mover, apenas respondi, energicamente:

– Estou de saco cheio!!! Vocês são todos iguais! Uns babacas! Quando eu conheço o melhor homem, eu quero ele para mim! Não entendo vocês!!! Nunca vou entender! Estou farta destas conversinhas. Já ouvi isso antes! Não leva a lugar algum.

Pela minha reação, talvez, inesperada, ele me perguntou:

– Quem foi ele? Quem foi o cara que já te disse isso antes?

Foi aí que ele soube, resumidamente (mesmo), sobre a história do Menino Anjo. Era um pesadelo em reprise.

O Deus Grego tinha ainda mais em comum com o Menino Anjo, ele também era a preferência da mulherada. Uma legião de fãs. Eu não tinha nada de especial por gostar daquele que todas gostavam. Mas não era de surpreender, ele era bonito, bom filho, bom namorado, bom moço, bom tudo.

Até que um dia, ele me contou que terminara com a maluca desvairada linda loira. Não era novidade. Ah, mas era para valer. Ponto-final. Garantiu.

Em uma sexta-feira de setembro, coloquei minha melhor saia – aquela no limite da decência, uma sandalinha de salto, sem querer, e entrei na sala de musculação, no meu dia de folga. Logo o avistei, casualmente... e iniciamos uma gostosa conversa, em meio à sua série de exercícios. Ele interrompeu o treino, e depois de quase uma hora que estivemos conversando em pé, plantados ali, eu disse:

– Você tem medo de mim. Estamos conversando em pé aqui há quase uma hora, bem que você poderia ter me chamado para tomar um suco...

– Ah é?! Então espera... – virou-se de costas e saiu andando.

Fiquei esperando. Seria uma nova forma de dar um fora?

Ele estava voltando.

– Vamos – comandou.

– Vamos aonde?

– Tomar um suco.

– (...)

Não sei por que, mas fomos no meu carro. Até uma casa de sucos próxima. Conversa mole, conversa mole. Ninguém dando entradas e nem saídas. Apenas bons amigos. No caminho de volta, um comentário:

– Nossa, que pernas lindas você tem! – disse olhando para minhas pernas expostas pela saia curta, sem constrangimento. *Oba! Agora vai!* – Nossa, mas são lindas mesmo! – continuou.

Uhuuu! Ele vai pôr a mão, ele vai pôr a mão!!!

– Espero que você seja muito feliz com estas suas pernas – finalizou.

Agkioísaklnlntçkahygoak~mç!!!

Com um fraterno beijo no rosto, despediu-se, descendo do meu carro. Porcaria. Acho que eu fui mãe de todos os homens que gostei, nas vidas passadas, se é que existem. Só pode ser. Se existem, eu fui mãe deles. Dos três.

No dia seguinte, sábado, ele me ligou no final da tarde. Ficamos uma hora e meia no telefone. Desligo feliz! Isso quer dizer alguma coisa! Quem ficaria tanto tempo no telefone com uma garota que não te interessa, num sábado à noite? Combinamos de ir ao parque da cidade jogar frescobol.

Ele veio me buscar em casa em um domingo de manhã! O primeiro cara que veio me buscar em casa para alguma coisa, na vida! O impacto disso fez minha mãe e irmã descerem correndo as escadas só para conhecê-lo, antes de mim, deixando-me para trás, inclusive. Mesmo com minhas súplicas desesperadas de que elas não me fizessem pagar esse mico! Meu pai foi o único que não desceu, segurando seu ímpeto, com pena de mim. Que vergonha. Ai, aqueles sorrisos descarados... elas me pagariam!

No parque, não jogamos muito tempo, eu era ruim demais! Caminhamos, jogamos conversa fora, como dois amigos. Um beijo no rosto, na despedida.

Na segunda-feira, combinamos de ir ao bar. Comemos pizza à francesa. Eu nem podia acreditar, aquilo era um namoro! Ainda não tínhamos nos beijado, nem tivemos conversas insinuantes, nem indiretas, mas naquele dia combinamos de viajar juntos, qualquer dia desses... Feliz! Eu estava sendo resgatada da torre, depois do meu sono de cem anos, finalmente.

Passamos a semana nos falando pelo telefone. Conversinhas.

– Está ouvindo meu papagaio? Lorinho... Lorinho...

– Está ouvindo esta música? Lembrei de você.

Foi me incluindo em pequenos momentos da privacidade do seu cotidiano.

No domingo, acordo pela chamada do meu chefe – eu teria que substituir uma colega no seu plantão. Ao chegar ao estacionamento do shopping, lá estava ele, parado em frente ao seu carro, com a porta aberta, conversando com outra loira, intimamente. Uma aluna da academia, uma garota que eu sabia que fazia parte da sua legião de fãs. Quis passar reto e fingir que não vi. Ele me chamou. Olhei para eles, cheguei perto, cumprimentei-os com um beijo no rosto:

– Estou atrasada, vou substituir uma colega na musculação. Até mais.

Entrei na sala vazia, cenário de toda essa história. Sozinha, revirava os fatos recentes na cabeça, sem entender. Que porcaria era aquela? Isso era desumano. Logo depois, ele entrou, sozinho, olhou profundamente para mim, como quem está à procura de sinais de tristeza.

– Você está bem? – o cretino perguntou.

– Estou ótima! Por que não estaria? – respondi, desdenhosa.

– Só queria saber. Então, se você está bem, fique bem! Até mais.

– Até mais.

Cretino.

Os dragões que me mantinham a salvo no alto da torre tagarelavam: *Eu disse, homens... não se pode confiar neles. É melhor não precisar de ninguém. É melhor ter metas e sonhos que possa realizar sozinho.* Pegando a espada com as próprias mãos, decidi que isso deveria parar. Chega de atrair isso para minha vida. Chega de torres altas e dragões. Assim, usei aquele momento para acertar em cheio o coração daquele dragão e me libertar. Com as lágrimas escorrendo sem contrações na face, escrevi, para mim mesma, o acordo de resignação, com a velha sensação de recolher a Cristiane com a pá, e tentar refazer seus cacos:

> *Eu tenho fé em Deus e sei que Ele ouve minhas preces e conhece os desejos do meu coração. Sei que Ele tem um plano para minha vida e sei que a vitória e minha felicidade dependem, exclusivamente, de mim. Hoje eu tive que estar aqui, eu tive que ver isto. Não sei por que, aqui é o último lugar que eu deveria estar, mas estava. Mas com os pés no chão e a cabeça no horizonte, volto à estaca zero, porém muito mais forte. Se é a vez dessa moça, espero que eles façam felizes um ao outro.*
>
> *O futuro só a Deus pertence, e milagres podem acontecer a qualquer instante, por isso, por*

acreditar nisso, vou prosseguir este caminho e vou "continuar respirando", como no filme Náufrago, pois eu não sei o que a maré pode me trazer no dia de amanhã, e sei o que ficou para trás no dia de ontem, e são coisas para se dizer adeus, sejam boas ou más, assim como será esta dor e este dia, este exato segundo. Mesmo que eu me lembre dele, mesmo que eu volte a sentir o que senti, será sempre numa nova realidade. Estou pronta e aberta para esta mágica, para a mágica que pode transformar a alegria em tristeza, e a tristeza em excelência, a mágica de estar viva. Não vou esperar por ninguém, mas por mim mesma. Vou esperar me encontrar cada vez mais, e descobrir meu tesouro. O que é meu não me machuca. Mesmo que Deus me mande a dor, sempre serei capaz de suportar com a bênção da fé e da alegria. Além do mais – isso também passa!

Subo novamente à torre mais alta à espera de alguém que não tenha nada de encantado ou de perfeito, mas que me veja e me ame, que seja meu par, meu parceiro, meu cúmplice, meu presente. Desta vez, não existe um dragão me defendendo, mas a escadaria é longa e essa pessoa vai ter que enfrentá-la.

Estou velejando sem água, sem comida, sem abrigo, sem descanso, na escuridão, em busca do meu porto seguro. Ele está à minha espera, e por mais que a jornada seja longa, não quero torná-la maior desviando meu caminho por um falso farol.

Tenho que seguir meu coração, que é minha bússola nesta viagem. Vou fazer a minha parte. Xeque mate, mocinha! Por que não eu? Porque não. Simples como amar.

Na semana seguinte, a novidade se espalhou entre sua legião de fãs, ele chegava de mãos dadas com ela, saía de mãos dadas. Minhas amigas estavam desacreditadas. Nossa amizade se resumiu em "olá", "tchau". O que me restava era ignorar a situação, seguir em frente, e cuidar da minha vida, pois estava correndo o risco de perder o prazo do mestrado, afinal.

COM A SABEDORIA INESPERADA PARA UM GESTOR TÃO JOVEM, meu chefe pediu para eu detalhar melhor o que estava acontecendo.

Tudo se baseava na necessidade de finalizar meu trabalho, na urgência do meu prazo, no estresse pelo excesso de tarefas, mas também havia o fator desmotivação.

– E estou concluindo meu mestrado sobre envelhecimento, desejo trabalhar só com idosos daqui para a frente. Não quero mais ficar em sala de musculação. Vou tentar me engajar em algum projeto, depois que concluir a dissertação – expliquei.

– Dê-me um tempo, vou ver o que posso fazer – pediu.

Logo depois, ele disse que o dono da academia gostaria de falar comigo.

– Estou sabendo que você pediu demissão porque precisa de tempo para concluir seu trabalho, eu proponho que você tire uma licença não remunerada pelo tempo que precisar e, depois, quando retornar, deixa a sala de musculação e fica apenas com as aulas daquele projeto que você apresentou, o que acha? – disse o proprietário, um homem elegante, altivo, e com quem eu quase não tive contato, até então.

Adorei a proposta. Era mais do que eu conseguia imaginar naquela situação. Tinha entregado fazia mais de um ano a proposta de uma nova aula para o programa de idosos da academia. Eles tinham o programa, os alunos, mas nenhuma aula específica, e a aula usaria um tempo ocioso da quadra, duas vezes por semana, pela manhã – horário de maior frequência desse público. Gostaram da proposta, porém não havia sido implementada, e não tinha previsão de ser. Naquele momento, todos os meus problemas – profissionais – estavam resolvidos: eu teria o tempo necessário para concluir a dissertação (esperava), teria meu emprego de volta e ainda com a motivação de implantar a aula que criara, trabalhando em uma jornada bem menor de horas, e fazendo exclusivamente o que eu amava. Não hesitei:

– Acho perfeito! – assenti.

– Eu ouvi que você já estava se despedindo dos alunos, bom... pode parar de se despedir! – acrescentou.

Sorrio. Aquelas palavras eram como bálsamo. Algo no seu semblante e tom de voz me fez sentir bem mais próxima do que poderia imaginar. Só o que eu pensava era no quanto somos tolos. Tolos funcionários. Tolos. Pensamos que ninguém vê nosso trabalho, nossos acertos, nossos erros, nossa preguiça, nosso máximo, nossa procrastinação, o que quer que seja. No entanto, ninguém é patrão por acaso. É preciso ter sabedoria com as pessoas, e "separar o joio do trigo". É preciso ter cartas na manga. Eu passei a admirá-lo ainda mais.

Minha licença não remunerada. Sem dinheiro, sem namorado, mas com bastante tempo para ficar em casa e terminar a dissertação. Até dava para jantar fora, de vez em quando, ou visitar a casa de uma amiga. Atender ao telefone. Atender à campainha. Ver meu programa favorito na televisão. Tomar um longo banho. Dormir mais cedo. Acordar mais tarde. Ajudar em casa. Conversar com minha mãe. Descansar o cérebro depois do almoço, *ZZZZZZzzzzzzzzzzzzzzzzz*. E quando percebi... o tempo passava rápido demais! Minha produção estava sofrível. Não estava fluindo, muitas distrações, muita agonia. Os papéis se amontoavam sobre minha cama, sobre a escrivaninha, sobre qualquer superfície lisa, até no chão. Meu quarto, que era o cenário da finalização do trabalho, estava um caos. Quase em dezembro, meu prazo final, convidei minha mãe para passarmos uma semana na estância do interior. Eu amava aquele lugar! De certo, conseguiria me concentrar, dedicar-me integralmente, sem distrações, e terminar meu trabalho.

Acordamos cedo em uma terça-feira. Sete de dezembro de 2004. Fomos para Lindoia, para uma estância que eu adorava, pois havia passado momentos maravilhosos da infância por lá. Era um camping, no passado, e meus pais costumavam nos levar para acampar lá em todas as férias, alguns feriados, sempre que possível. Adorava cada pedacinho daquele lugar. Era inspirador, para mim. Meu plano era parar de escrever apenas nos horários das refeições, do café da manhã, almoço e jantar, para tomar um rápido banho e para dormir, o mínimo que conseguisse. Somando tudo, daria umas dez horas por dia no computador.

Assim foi feito. No primeiro dia, busquei o meu lugar favorito para escrever. Uma mesa no salão de jogos, de frente para o Rio do Peixe, com aquela correnteza incansável, e a vegetação rústica na outra margem. A sala de jogos estava improvisada, portanto ninguém entrava, o dia todo, e eu tinha a tranquilidade necessária e desejada.

Minha mãe era uma grande companhia! Ficava perto de mim quase o tempo todo, e saía para cochilar um pouco, de vez em quando. Passava o tempo todo lendo. Ela tinha bastante amizade com o casal que era gerente, e fazia amizades com facilidade. Já no segundo dia, eu era chamada de "menina estudiosa". Algumas pessoas ficavam aflitas de me ver indo do computador ao restaurante, do restaurante ao computador...

Sei que parecia mesmo cansativo, mas eu estava muito feliz, embora a ansiedade de terminar aumentasse a tensão sobre meus ombros, nitidamente. Mas, quando eu colocava os dedos nas teclas, com a agilidade obtida no curso de datilografia do curso técnico do Ensino Médio, entrava em um mergulho profundo, nas falas daqueles cinco idosos entrevistados, garimpando sua mensagem, seu discurso coletivo e minhas conclusões. Sem querer, aquele momento marcou uma mudança significativa na minha visão de mundo, de vida, de envelhecer.

Em linhas gerais, eu estava estudando as representações sociais para compreender o comportamento sedentário de idosos entre setenta e oitenta anos. As representações sociais são elementos que surgem das relações humanas, são ideias, pensamentos cotidianos compartilhados coletivamente, e que influenciam os comportamentos e as crenças dos indivíduos. Para tanto, coletei relatos da história de vida, pois as representações devem se dar de forma comunicativa, por meio do discurso e dos sentidos que ele contém. Como ferramenta de análise das entrevistas, utilizei a análise do discurso, que se caracteriza por buscar o sentido da mensagem do indivíduo em seu contexto, opondo-se às evidências do saber subjetivo, da compreensão espontânea. É uma metodologia útil quando se busca compreender a comunicação para além dos seus significados imediatos. Busca a descrição de significações que não se tem a compreensão em primeira instância. O discurso é uma unidade semântica que considera suas condições de aparecimento, seu contexto, que traduzem o sentido.

Mergulhando nos conceitos da análise do discurso, e empregando sua metodologia, comecei a enxergar para além das falas que, antes, pareciam vazias e sem significado. À luz da semântica e da lógica constituída por seu contexto de vida, momento histórico, crenças e valores, cada fala foi repleta de um novo sentido, antes não observado. Aos poucos, eu estava tecendo, palavra por palavra, frase por frase, em cada indivíduo, um discurso coletivo, a teia das relações interpessoais, dando voz a *eles*. Compreendendo-os como nunca antes poderia.

Numa hora eu estava caindo na gargalhada, achando graça das minhas reflexões. Noutra, chorando, emocionada, ao descobrir grandes verdades. Verdades que *eles* nos dizem todos os dias, mas que não estamos preparados para entender, pois desconhecemos o contexto *deles*.

Eu havia dividido as falas em tópicos distintos, os temas que surgiram se referiram às representações sociais relacionadas à atividade física, à saúde, ao trabalho, ao estudo, à família, aos papéis sociais, à sexualidade e à religião. As convergências nos discursos surgiram, muitas vezes, como uma (quase) repetição das falas, resumindo as vozes individuais em uma voz coletiva. Este é mesmo o propósito das representações sociais. Compreender como seres individuais e diferentes se unem em torno dos valores compartilhados por seu grupo.

Pela primeira vez, estava diante do contexto que justifica uma série de comportamentos e escolhas, escolhas que pensamos serem nossas, mas, na realidade, são apenas "opções" restritas dentre um conjunto de elementos pré-selecionados.

A exemplo disso, dentro das convenções sociais e dos valores vigentes, as pessoas aprenderam a ver um mundo dividido entre seus aspectos masculino e feminino, sendo que se considera "natural" que o masculino predomine sobre o feminino. São seres, homens e mulheres, cumprindo os papéis sociais que lhes foram concedidos, desde o momento do nascimento. Eles fizeram exatamente o que lhes cabia fazer. Agiram exatamente de acordo com o que era esperado deles na sociedade. As mulheres entrevistadas foram submetidas à dupla sujeição, na qual eram submissas na família e no trabalho, cumprindo a "profecia social das fêmeas". Os homens determinaram o momento em que elas deixariam de ser filhas para se tornarem esposas e depois mães, oferecendo (silenciosamente) guarida aos homens, poupando-lhes o trabalho de criar os filhos, aceitando e obedecendo a tudo o que viesse deles, compreendendo a falta de disponibilidade deles nas questões particulares entre o casal. Pode-se dizer que é do "feitio" das mulheres dessa geração obedecer. Elas foram "feitas" para isso, como uma programação computadorizada ativada no momento em que o parteiro anunciara "é uma menina!". Extraindo do meu texto:

Mas o discurso feminista tende a negligenciar o ponto de vista masculino e o fato de que os homens também pagam um preço alto pela primazia da ordem vigente. Torna a mulher uma vítima do homem, quando, na verdade, ambos são vítimas do sistema social. Homens e mulheres viveram exatamente a vida que nasceram para viver. Em nome desses papéis, passaram por muitas tristezas, abriram mão de seus sonhos, o que também aconteceu com os homens. Eles deixaram de lado seus gostos e suas aspirações para garantir que sua função social fosse cumprida. Como resultado, homens e mulheres deixaram de viver suas vidas com propriedade, adotaram condutas baseadas nos valores que construíram no meio social que viveram, fizeram as escolhas que foram escolhidas por eles. Exercer tais papéis tomava-lhes muito tempo. Não era possível manter hobbies, atividades extras. Os homens não tinham tempo porque, depois do casamento, tinham de trabalhar muito. As mulheres não tinham tempo, pois, depois do casamento, tinham de cuidar dos afazeres domésticos e das tarefas de esposa. Depois da maternidade, o tempo se tornava ainda mais escasso. Eram muitas vidas girando em torno de apenas uma. Isso limitava o direito da pessoa de usufruir da própria vida. Fica o questionamento de que tudo isso possa ser apenas a avaliação de uma pessoa que, por ter tido sua formação baseada em outra época, com outros valores, considera penoso que eles tivessem abdicado de certas coisas para se manterem dentro do que o meio social esperava deles. Poderia ser possível que aquele estilo de vida trouxesse felicidade, paz, a sensação agradável de dever cumprido, como seres humanos e indivíduos. Poderia ser possível que essas pessoas não vissem de forma negativa tudo o que passaram, pelo contrário. No entanto, eles não convenceram sua interlocutora com seus discursos, por vezes, carregados de recordações tristes, amargura e conflitos.

Pela primeira vez, eu estava compreendendo os homens, e me colocando no lugar deles. Eu, que sempre fui defensora das questões femininas, estava sentindo compaixão por aqueles chefes de família, aqueles homens que toleraram maus empregos, maus chefes, maus ambientes de trabalho, para trazer seu salário suado para que a "patroa" colocasse o pão à mesa. Tudo ia se encaixando, como peças completas de um grande quebra-cabeça.

Concluí, por fim, que a atividade física não foi um valor durante suas vidas, não possuía significado, portanto não era praticada. Dessa forma, os idosos percebem, de forma muito latente, todas as barreiras para se exercitar: falta de dinheiro e de tempo, fragilidade física.

Há muitos profissionais que tentam convencer os idosos a praticarem atividades físicas com o argumento de que isso lhes traria benefícios e melhor qualidade de vida. Seria algo que *eles* fariam por si mesmos, pensando em si mesmos, para benefício unicamente *deles*. Porém, era perceptível entre os idosos pesquisados certa incapacidade de pensarem em si mesmos. Talvez, nem soubessem como fazer algo estritamente para si, pois passaram a vida inteira servindo a outrem, guiando seus passos em função da vida alheia, abandonando tudo o que tinham de seu para dar espaço ao que era do outro. É um processo no qual o indivíduo esquece sua individualidade e passa a ser coletivo. Mudar os conceitos e passar a pensar na própria vida, na própria saúde, no próprio benefício, poderia ser uma tarefa árdua para *eles*, que estavam escolhendo descansar. E esse sedentarismo era uma escolha, dentre as poucas, que o indivíduo teve o direito de fazer, e que o meio social, a ciência e a cultura buscam tirar dele, como pais que, pretensiosamente, têm a certeza de saber o que é melhor para seu filho, mais do que ele próprio. Para mim, era claro, a expectativa de toda uma sociedade era que cumprissem bem seus papéis, como boas donas de casas e chefes de família, com um jeito certo e conveniente para cada situação. Belas moças mantiveram seus corpos decentemente cobertos, comportaram-se como distintas senhoras, à sombra de seus maridos. Homens sonhadores cumpriram suas tarefas a contento, com horário certo para levantar, dormir, comer, descansar. De repente, na velhice, quando a força e a forma física estão pagando os custos de uma vida alheia à própria saúde, querem que eles vistam roupas de banho e pratiquem hidroginástica, ou que coloquem uma calça confortável para fazer esteira ao lado da rapaziada "sarada". Eu me negaria. "Quando eu era moça, tinha que pular a janela para ir ao baile. Agora que estou velha, querem que eu entre na academia..."

A sociedade, o governo, as empresas, as famílias, o indivíduo... todos pagam o preço de uma vida na qual o ser não tem a vez.

Idosos de uma geração tão atual nos deixam pistas de que valores, significados e representações devem ser construídos ao longo de uma vida, talvez nunca seja eficaz tentar criá-los no período final da existência humana. Assim como o trabalho, a religião e o casamento, a atividade física pode vir a ser um grande valor para as próximas gerações. Talvez, o mundo moderno ensine o ser humano a olhar um pouco para si, amar-se mais e ter prazer em cuidar da sua maior, mais importante e única propriedade: seu corpo e sua vida. Talvez, a cultura permita que o comportamento de tomar posse de si mesmo seja aceito pelos membros de um grupo como atitude positiva e necessária para o bem de todos, e não como egoísmo, luxúria e alienação.

Mudada, enxergando mais além, escrevi quase trezentas páginas em cinco dias. Com exceção, claro, dos horários das refeições. Enviei tudo para a minha orientadora pelo correio da cidade, feliz. Eu estava surpresa com o resultado final. E, além de tudo isso, nestes cinco dias, finalmente, consegui um namorado.

Quase dez horas da noite. Desde o jantar não consigo produzir mais nada. Já estou no meu segundo dia e ainda tenho muito a fazer. Não posso perder tempo. Não posso me dar ao luxo de uma pausa para descansar. Vamos continuar. Ainda bem que decidi ficar no chalé, pois ao menos posso me ajeitar sobre a cama e tentar me concentrar. Hoje tem baile na estância. Hum... que delícia! Mas não. Depois minha mãe conta como foi. Vamos trabalhar.

Os pensamentos iam e vinham desfocando minha mente da produção daquele texto. Insisti por quase duas horas, mas chegou um momento em que os dedos enrijeceram, e eu não estava conseguindo digitar mais nada e nem pensar mais, tampouco. Para piorar, ficava ouvindo o som longínquo daquele baile, que parecia muito animado. Vou até lá. Quem sabe, respirando um pouco de ar, descontraindo a mente, eu possa voltar e produzir melhor.

Passei em frente ao músico para me sentar ao lado da minha mãe. Ele me acompanhou com o olhar. Eu devia estar vesga. Sentei-me ao lado dela, que estava em uma fileira de cadeiras ao lado direito do músico. Ele continuou me olhando, cantando e tocando, sem disfarçar. Era até difícil, pois ele tinha que ficar com o rosto virado, para me olhar. Sorria, cantava uma marchinha de carnaval animada, tocava e me olhava sem cessar. Ao final do baile, minha mãe encontrou o casal gerente e se aproximou para uma despedida energizada junto ao músico. Ele aproveitou para se apresentar, perguntar meu nome, o que eu fazia, falei sobre meu trabalho, claro.

No dia seguinte houve um jantar com música ao vivo. Ele era o queridinho do casal gerente, e realmente tinha muito talento. Já tocava lá fazia quase dois anos, o tempo em que eu passei sem ir àquela estância. Quando acabamos de jantar, ele estava sentado à mesa do casal gerente, e minha mãe foi se despedir. Ela já tinha feito amizade com o cozinheiro também, um simpático rapaz, e ele se aproximou para falar com ela. Uma rodinha animada. Por fim, o músico se dirigiu a nós, convidando:

– Hoje vou tocar em um hotel, em Águas, mas está vazio, somente uma meia dúzia de idosos. Apareçam por lá para me dar uma força!

Senti sua intenção. Na hora certa, deixei minha mãe no chalé e fui até Águas, para prestigiar seu baile.

Quando entrei no salão, ele interrompeu a letra do samba e disse:

– Não acredito!

Sentei-me. Ele deixou os teclados de lado, e lançou mão do seu violão.

– "Nem o sol, nem o mar, nem o brilho das estrelas, tudo isso não tem valor sem ter você!..."

E o baile virou uma serenata particular. Ele não exagerou, havia uns três casais de idosos, quase adormecidos, sentados confortavelmente nas poltronas do salão. Eles se animaram para apreciar a serenata, o que me fez corar.

Ao final do "baile", ele agradeceu aos presentes, que se retiraram, desejando-me boa-noite, com semblantes assanhados. Ele começou a desligar os botões do som, rapidamente, enquanto eu me aproximava, sem saber o que iria dizer. A cada passo, uma expectativa. E agora? O que vou dizer? O que eu estaria fazendo ali, afinal? E cada passo a mais, uma chance a menos de elaborar uma saída estratégica, para o caso de levar o fora rotineiro. Até tinha me esquecido de levar um balde, se precisasse enfiar a cabeça em algum lugar, de novo... A dois passos, ele olhou para mim, largou os cabos de som, e... provando a teoria do caçador, segurou meu rosto com as duas mãos e me beijou profundamente.

A surpresa me fez reagir um tanto atrasada. Uau! Ele deveria ensinar uns e outros como se deve tratar uma mulher! Ah, deveria. Eu ficava me perguntando como ele conseguia ser tão natural, tão simples, tão descontraído! E eu só pensava no que iria dizer depois, que tivesse chance...

Quando ele me soltou, disse apenas:

– Vamos tomar um suco? – convidou-me.

E segurou minha mão, levou-me até sua caminhonete, guardou todo o equipamento de som na caçamba, e fomos ao centro da cidade tomar um suco.

Foi a conversa mais maluca da minha vida. Eu quase não abri a boca. Ele começou a me dizer, sem nenhum constrangimento ou censura, que ele me reconheceu no dia em que me viu. Disse que havia uma mulher em suas vidas passadas, e que era a que ele mais amou em todas elas, e que ainda não a tinha encontrado, e era eu.

– Você é a mulher que eu estava esperando encontrar nesta vida.

Perguntou algumas coisas sobre mim, sobre meus relacionamentos anteriores, e não se chocou ao saber que eu nunca tive um namorado. Nessa hora, pensei "É impossível". Ele disse, imediatamente:

– Nossa, uma coisa veio em minha mente, era como se fosse *impossível...*

Que coincidência inacreditável! E continuou com relatos sobre minha adolescência, sobre como tinha sido minha vida, diante da minha ausência de fala e perplexidade. Falou sobre conexão, novos tempos, nova era, nova energia, forças interplanetárias e interdimensionais. Ele era o Homem do Espaço. Pela primeira vez, estava ouvindo aqueles conceitos e, por mais que me parecessem malucos, eu me sentia mesmo conectada, diante de um homem que podia, simplesmente, falar do meu passado como se estivesse lá.

No dia seguinte, eu iria embora pela manhã. Como ele passava a madrugada em claro e dormia até mais tarde, nos despedimos diante do meu carro. Minha família tinha combinado de passar o fim de semana do Natal por lá, e nos veríamos novamente. Aquele breve encontro já era o início de um namoro, declarada e assumidamente diferente de tudo o que eu já tinha ouvido falar.

No segundo encontro, eu estava com algo perturbando minha mente. O Deus Grego havia me telefonado, para jogar "conversinha" fora, mesmo estando ainda namorando a loira número mil duzentos e trinta e dois. Sentia que nossa história ainda não estava bem resolvida. Num dado momento, o Homem do Espaço me olhou e disse:

– Fique comigo. Deixe-o de lado. Você está aqui. Esqueça dele. Fique comigo.

Já me acostumando com suas telepatias, eu expliquei a ele minha situação, minha história com o Deus Grego em breves linhas. Havia uma conversa que, talvez, ainda precisasse acontecer, entre nós.

– Eu tenho medo que você se envolva, e que... você sabe, eu não sei como poderia acabar isso – alertei.

– Eu estou com você *agora*! É só o que me importa. Não trocaria este momento por situações futuras. Estou feliz aqui. Eu te amo – confessou.

Oh... Isso foi um golpe no estômago. Como uma aprendiz idiota frente a um sábio mestre. Será possível?

Não demorou para ele começar a me apresentar às pessoas da cidade como sua esposa. Estranhei. Aquilo me causava desconforto, mas eu procurava ser natural. Cidade pequena, e além do mais, ele era muito popular, de forma que eram muitas apresentações. Na padaria, no mercado, no banco, na praça, nos hotéis em que ele tocava e me levava. No dia seguinte, ele passou a me apresentar pelo nome.

– Por que você parou de me apresentar como esposa? – perguntei.

– Porque você não gosta – respondeu.

À noite, no baile, ele cantou uma música e a dedicou para mim:

"Eu quero a sorte de um amor tranquilo, com sabor de fruta mordida. Nós na batida, no embalo da rede, matando a sede na saliva. Ser teu pão, ser tua comida, todo amor que houver nesta vida...", dizia a letra do Cazuza imortal.

Perplexa, como ele pôde! Como soube?

– Por que você cantou essa música?

– Você pensou nela o dia todo! – disse rindo.

Ele era *mesmo* capaz de me ouvir.

Eu pensava, ele comentava. Eu me perguntava, ele respondia.

Passávamos a madrugada conversando sobre o universo, Deus, vida, capacidade ilimitada, poder ilimitado, ausência de morte, as ilusões que manipulam e limitam os seres, as mentiras que usaram para nos controlar, para que tivéssemos uma existência medíocre, negligenciando nossa capacidade criadora, sobre seres mais evoluídos de outros lugares do universo, sobre a ausência de separação, sobre a unidade de todas as coisas e de todos os seres.

– Estamos conectados. Somos um só. O que não é apropriado para mim, não é apropriado para meu próximo. Amor é aceitar o outro como ele é, e respeitar sua condição única e integridade. O amor liberta! – ele discorria, como um mestre.

E muitas vezes eu ouvia um simples e profundo "Eu te amo!".

Foram quarenta dias, vendo-nos aos fins de semana, prolongados, já que eu estava na minha licença não remunerada e havia entregado meu trabalho. Quarenta dias de aprendizado, amor e excentricidades, com a paisagem pintada por Deus dos vales e montanhas do interior. Inúmeras serenatas, músicas cantadas por mim na juventude, enquanto sonhava com príncipes encantados, na voz e no olhar daquele homem mágico, como quem realiza um sonho.

Até que chegou o dia previsto por ele, o dia em que eu teria que ter aquela conversa com o Deus Grego.

Foi uma conversa interessante. Eu, irritada, jogando na cara todos os foras e imparcialidades dele, o ano todo. Até o namoro com a loira de número... sei lá – que havia acabado de terminar. E quando eu, finalmente, estou feliz com alguém, ele vem com suas "conversinhas". Ele esperou, calmamente, que eu acabasse de dizer tudo o que queria.

– Terminou? – disse paciente.

– Sim – desdenhei.

– Agora vou te contar minha versão dos fatos – uma pausa. Eu não imaginava que pudesse haver outra versão para os... fatos. – Quando você se declarou para mim no começo do ano, eu já te amava. Fiquei surpreso, mas pensei em dar um tempo, para ver se você realmente estava certa do que estava dizendo. Passado um tempo, você nem se manifestou mais, aí eu voltei com minha namorada. Quando terminei com ela novamente, nos aproximamos, começamos a sair, como amigos, aí você veio me contar que saiu com aquele cara! Eu pensei, se ela gostasse mesmo de mim, não teria saído com ele, e muito menos me contado! Aí resolvi dar uma chance àquela garota, que estava mesmo interessada em mim. Mas eu errei. Não devia ter feito isso. Agora já é tarde. Você já está lá com seu namorado. E eu te perdi.

(...) uma pausa muda.

Uau! Nunca imaginei esse desfecho. Eu tinha mesmo saído com o amigo da minha amiga, num momento depressivo! Ele tinha me feito rir e era muito inteligente, e eu havia lhe contado para ver se ele se mexia! Mas o efeito foi ao contrário. Parece que eu não entendo nada mesmo sobre os homens. Acho que nunca vou entender. Se um faz xixi na gente, como cãezinhos em um poste, o outro nos ignora. Bom, graças a Deus, o rapaz não era amigo dele. Se fosse, estaria tudo perdido para sempre. Homens são tão burros que abririam mão da mulher que amam só porque ela saiu com um amigo deles, enquanto eles estavam... fazendo testes. Mas a perplexidade era maior em função da frase "eu já te amava". Era o cântico dos anjos para meus ouvidos. Não podia acreditar! Sem hesitar, respondi:

– É... eu vou sábado para o interior. (...) Terminar com ele!

A sequência ideal seria um lindo beijo romântico, mas não. Ainda bons amigos, com data marcada para sermos promovidos a namorados. Sábado.

Gostaria que tivesse sido fácil dizer adeus ao Homem do Espaço, mas não foi, pelo menos para mim. Ele se fortaleceu em resiliência e me provou, em cada segundo, que tudo o que dissera era verdade. Ele me amava tanto a ponto de me deixar livre, respeitar minha decisão e ser feliz, sem se quer questionar minha escolha, meus motivos. Era como alguém que esperava o dia de viver um capítulo já lido. Nunca vira nada igual. Embora sua dor fosse palpável, vê-lo lidar com ela com tamanha evolução e desprendimento me fez perceber o quanto eu era pequena. Limitada. Egoísta. Perdida na ilusão da separação. Mas, apesar disso, e com todo seu amor, ele me ajudou a não olhar para trás, e partir.

Voltando para casa, repassava mentalmente meu destino, aproximando-me dele a cada quilometro rodado. Era tanta informação, tantos acontecimentos recentes e longínquos. Tudo era uma mistura de dor e alegria, nostalgia e entusiasmo, e era confuso tentar organizar os sentimentos da forma mais proveitosa.

Comecei a namorar o Deus Grego naquele dia de sábado, de feriado prolongado. Pela primeira vez, tinha um amigo no meu quarto, que não era apenas um amigo. E não foi difícil, devido à grande seca e à longa fase negra, entregar-me a essa satisfação, e deixar um outro alguém tão importante no recôndito da memória, em "algum lugar no passado". Eu amava o Deus Grego. Amava-o, talvez, desde a primeira vista de suas panturrilhas. Eu tinha travado uma luta inglória e, agora, era meu maior triunfo tê-lo, estar com ele, ver sua felicidade ao meu lado. Ele era o homem que Deus tinha guardado para mim. Eram os traços dele que eu gostaria de ver nos meus filhos (mas acabou puxando só o dedinho torto dos pés...). Na terça-feira, nosso quarto dia de namoro, por fim, ele me pediu em casamento.

Nossa! Eu deveria estar sendo uma excelente namorada, nestes últimos quatro dias!

MARÇO DE 2005. CONFORME COMBINADO, estava iniciando a aula de habilidades neuromotoras com objetivo principal de promover melhora de funções ligadas ao controle motor e à aprendizagem motora. Treinamento para o cérebro! A divulgação foi breve, e a turma não demorou a se formar. Era um novo desafio e uma alegria! Alunas que eu já conhecia pela sala de musculação, agora reunidas com um novo propósito, e todas estavam bastante entusiasmadas com a novidade.

Em paralelo, estava iniciando a corrida matrimonial, já que tínhamos decidido nos casar em maio, por causa de um dia que tivera sido especial e marcante na nossa história. Pensamos em fazer uma cerimônia simples, e o primeiro passo era procurar uma igreja com data disponível e um salão conectado, para realizarmos uma pequena recepção após o casamento. Estávamos a pouco mais de dois meses do casamento, e ele ainda não tinha comunicado aos pais.

Como nosso namoro era extremamente recente, eu tinha visto meus futuros sogros apenas duas vezes. Ele, aposentado havia muito tempo, um senhor bonito, de saúde frágil, já tinha quase oitenta anos. Seu Chico. Ela, uma mulher cuja vida foi voltada para a família, nunca trabalhou fora, e era dezoito anos mais jovem do que o marido, Dona Tatá. Eles tiveram dois filhos, meu futuro marido, mais velho, e minha futura cunhada, seis anos mais nova, solteira, e que estava namorando fazia quase um ano. O Marcelo era o arrimo de família. Era com ele que ambos contavam para tudo, consertos domésticos, manutenções, para levá-los ao médico, a compromissos, fazer exames. Ele me disse que conversaria com seus pais naquele dia. A reação do pai foi de alegria: "Finalmente!", disse o homem ansioso para ser avô. A reação dela foi um pouco diferente. Chorou, desesperou-se, tentou persuadi-lo a adiar os planos. Não entendia o motivo de tanta pressa. Ele me contou resumidamente, mas, pela forma com que se magoou, imagino que tenha sido uma conversa muito difícil. Era de se esperar. Anos de estudo com pessoas mais velhas me trouxeram a vantagem da compreensão do contexto *deles*. Um dia você está limpando a bunda do seu filho, no outro ele te apresenta uma moça, e no outro anuncia que se casará com ela em dois meses. Era para deixar qualquer uma louca! Eu ficaria, e não sou da geração dela. Tenho o direito de optar se terei vida própria após a maternidade, ela não teve. Tentei acalmá-lo, explicar o ponto de vista dela, mas não tive tanto êxito. Ele tinha expectativas em relação à mãe. O Marcelo é dez anos mais velho do que eu, ele estava com trinta e sete. Costumava me dizer que, se não fosse por mim, ficaria para sempre solteiro, na casa dos pais, cuidando deles até o fim.

Tenho certeza de que era isso que ela esperava também. Ela sentiu que perderia o filho, e eu estava sendo culpada por isso.

Ela tinha decidido me ignorar. Ele estava furioso com o comportamento dela. Não se conformava que a mãe não o apoiasse quando tinha a chance de ter uma família e ser feliz, já que ele sempre fizera tudo por eles.

O dia da celebração do nosso casamento foi marcado como um dos mais felizes da minha vida. Eu era a Cinderela! Tudo estava conspirando a favor! Ainda tive tempo de preparar algumas surpresas para meu noivo. Tinha avisado que colocaria um telão no altar, já que muitos dos nossos convidados eram idosos, e que poderiam ver melhor a cerimônia pelo telão. Mentira! Após a entrada do noivo e dos padrinhos, veio aquela parte em que todos estão em pé, e os trompetes anunciam a entrada da noiva, chamando a atenção para as portas fechadas. Nesta hora, uma contagem regressiva barulhenta iniciou no telão, desviando a atenção de todos. Era um vídeo que eu tinha preparado, contando uma divertida versão da nossa história. Quando acabou, as portas finalmente se abriram, e eu encontrei uma igreja emocionada e um noivo feliz. Efeitos pirotécnicos abrilhantaram minha entrada, incluindo uma cascata no altar, atrás do padre, bem atrás... quase caindo nas costas dele. Se a cascata ficar caindo nas costas de alguém pega fogo? Ele estava mal posicionado, eu acho. Ao final, pétalas de rosas voando por toda a igreja, que devem ter dado muito trabalho à equipe de limpeza. Na hora dos cumprimentos, minha sogra me abraçou e disse:

– Cuide bem do meu filho! – um pedido emocionado.

Era disso que tudo se tratava, afinal, uma mulher que confere a outra, sem que possa optar, a função de cuidar daquele homem amado. A preocupação de que ela irá cuidar com o mesmo zelo, com a mesma prontidão. Mas como se tratava de uma nova geração, era de se esperar que o jantar não estivesse à mesa, com tamanha disciplina. Com exceção do Natal, é claro. De modo que, algumas vezes, a esse pedido não pude atender.

Tirando o fato de ele ter pisado, acidentalmente, com sua "prancha" número quarenta e três, por quatro vezes no *mesmo* dedinho do meu pé, e teve de me carregar em alguns passeios na nossa lua de mel, incluindo mergulhos com uma nadadeira só, nosso início de casamento foi uma maravilha! Com tanta informação sobre como ser uma boa dona de casa, a começar pelo exemplo da minha mãe, as receitas e os ensinamentos das minhas alunas, e o pedido encarecido da minha sogra, fiz questão de preparar aquele pudim de leite condensado no nosso primeiro sábado em casa. Ele pegou fogo. Não sabia que o caramelo incendiava... odiava quando o caramelo acabava primeiro que o pudim, então caprichei, e o excesso de calda vazou pela panela recém-adquirida e incendiou o fogão...

O primeiro feijão preparado por mim! Ele disse que gostava só se o caldo fosse grosso. Repassei o modo de preparo com minha mãe, e nada daquele caldo engrossar! Já estava na hora de ele chegar e aquela água com grãos... *Argh*. Não tive dúvida, peguei o amido de milho, joguei na panela no exato momento em que ele entrou, flagrando-me com aquela caixinha nas mãos!

– Ahaaa!!! Tentando me enganar!!! – riu. E não comeu o feijão... *Sniff*.

E um dia, foi se arrumar para o trabalho, e viu que todas as suas gravatas estavam criando manchas de bolor...

– Deixe comigo, querido! Eu resolvo isso! – disse confiante. Ah... essas manchas vão ver só!

Depois de uns minutos, fui pegar as gravatas para estender no varal. Oh, não! Liguei para o meu pai, ele entendia bem de gravatas. Quem sabe aquilo fosse normal.

– Pai, como é que se lava gravatas? – perguntei, esperançosa.

– Gravatas são muito delicadas, você tem que levar em uma lavanderia especializada, para lavagem a seco – disse a voz da experiência. – Por quê?

– Bom... é que eu lavei as gravatas dele... na máquina! E elas estão todas do avesso, tortas e disformes... e agora?!

(Gargalhadas...)

– Agora já era! Ele vai precisar de gravatas novas! – deu-me o veredicto.

Oh, não! Oh, não! De repente me dei conta de que casamos tão rápido que nem deu tempo de conhecer esse lado dele... será que ficaria uma fera? Será que brigaria comigo? Medo. Talvez fosse melhor eu deixar um bilhete e fugir para outro continente...

Mais tarde, a revelação. Já tinha avisado a todos da família, caso não tivessem notícias minhas, era bom me procurarem em pedaços pelas lixeiras. Para minha surpresa, ele não ficou bravo, e até riu. Acho que minha cara de criança arrependida produziu efeito. A família logo se apressou em presenteá-lo com novas gravatas, de modo que ele passou alguns aniversários e Natais ganhando um presente bem previsível...

Estava entendendo por que era tão interessante para as mais velhas, conversas de mulher recém-casada. Elas riam muito e corrigiam meus erros. Eu adorava entretê-las e aproveitava, enquanto elas me davam alguma receita ou instrução, para fazer qualquer pergunta que tivesse, principalmente se fossem tolas.

– O que é selar uma carne?

– O que é uma caçarola?

– O que é cheiro-verde?

– O que é sovar a massa?

– Como se prepara espinafre?

– O que é escaldar a verdura?

– Como é a melhor maneira de limpar vidros?

– Qual a diferença entre salsinha e salsão?

– Como se tira mancha amarelada debaixo do braço da camisa?

– Posso colocar cândida direto sobre a mancha?

Minha favorita era uma aluna mestre na arte de servir à família. Eu a chamo de Mentora para assuntos familiares. É a melhor dona de casa que conheço, sem dúvida! Sua dedicação é tamanha, que até incomoda as pessoas que não enxergam a beleza de zelar pelo lar e pelos seus familiares, e nem o amor que se consegue imprimir nesse cenário. Sorte têm seus três homens. Quando eu fazia uma pergunta, ela respondia com um grito de espanto "Nãaaaaaooooo!!!", que nos rendiam boas risadas.

Casar é a melhor maneira de se obter a solidariedade feminina (ao menos das casadas). Minhas alunas me deram presentes valiosos, como, por exemplo, receitas, livros de receitas práticas, e a Nenê até me deu um estoque do tempero caseiro que ela levou anos para elaborar.

Nove meses depois do casamento, começamos a tentar um filho. Não queríamos esperar muito, pois o Marcelo já tinha certa idade, e meu sogro tinha muita vontade de ser avô e estava com oitenta anos. Tinha planejado engravidar em março, para que a criança nascesse em dezembro, época que era mais fácil deixar de trabalhar por uns dias, pois os alunos particulares viajavam e a academia entrava em baixa frequência. Naturalmente, essa era uma época do ano de recesso para mim. Não aguentei esperar março e comecei a tentar em fevereiro. Não deu certo. O exame de farmácia que fiz antes da menstruação atrasar deu negativo. Era apenas minha primeira tentativa, e já me sentia frustrada. Devia ser muito difícil não conseguir engravidar.

No segundo mês, novamente fiz o exame de farmácia antes da menstruação atrasar, ansiosa. Estava sozinha em casa, no meio da tarde, no banheiro. Desajeitada, encostei a ponta do coletor no jato de urina. Esperei menos de dois segundos para, enfim, as duas linhas azuis aparecerem no visor. Caí do vaso, de joelhos, e chorei. A alegria era incontrolável! Obrigada, meu Deus! Obrigada, meu Deus! Eu tinha uma vida dentro de mim! Foi a sensação mais mágica que já sentira. Guardei aquele tubo urinado como se fosse um troféu e planejei como iria dar a notícia. Marquei de me encontrar com ele, à noite. Perto da hora marcada, ele me ligou, havia batido o carro, uma bobeada. Estava com o carro encostado perto de casa, esperando o guincho chegar, chateado. Eu perguntei:

– Tem alguma coisa que eu possa fazer para te deixar mais feliz?

– Não – respondeu, inocente.

– Então, olha isso! – mostrei o tubo com a urina mais preciosa da minha vida, ele levou alguns segundos para processar a informação, mas ingênuo e mal informado, perguntou:

– O que é isso?

– Estou grávida!

A alegria dele não poderia ser maior! De repente, o carro se tornou um detalhe imperceptível. Bem nessa hora, o guincho chegou, e o motorista não entendeu nada nossa felicidade. Tenho certeza de que ele costumava encontrar os clientes muito mais desanimados. Explicamos a ele, que foi o primeiro a nos parabenizar.

A turma de idosas da academia estava indo muito bem e se deliciaram com a notícia, embora tivessem um cuidado redobrado comigo. No entanto, eu estava ótima! Não tinha enjoos, nem mal-estar, nem nada, estava uma delícia!

Com quatro meses de gestação, minha barriga nem aparecia. Conheci a gerente técnica de uma grande academia de São Paulo, concorrente da que eu trabalhava, no curso que ministrei naquele ano, na importante convenção. Já era meu quarto ano consecutivo. Ela decidiu fazer o curso, pois o dono da academia, de olho no envelhecimento populacional, solicitou projetos de um programa de atividade física voltado a idosos para os colaboradores, mas ela não tinha recebido nada e queria mais informações sobre a área, para auxiliá-los. Foi então que elaborei uma proposta de treinamento para os professores, uma atualização em atividade física para idosos, que pudesse instrumentá-los na elaboração desse projeto.

O dono analisou a proposta, e solicitou uma reunião comigo. Recebeu-me. A gerente técnica estava presente na reunião também e me confessou, antes de entrarmos em sua sala, que não sabia o que ele queria com aquela reunião.

Ele era um homem alto, bonito, elegante, jovem. Certamente, um tipo diferente do que eu imaginava, já que esse homem era famoso no meu meio, um dos maiores empreendedores do ramo, no Brasil. De certo, ele vivia a qualidade de vida que promovia em seu negócio, pois descobri que a idade dele estava mesmo denunciada em seu Registro Geral. Não aparentava.

Simpático, começou a discorrer sobre a perspectiva de envelhecimento mundial, usando uma ou outra tabela que eu bem conhecia. Não era novidade para ninguém, àquela altura. Disse sobre sua intenção de implantar um programa específico para esse público. Por fim, pegando minha proposta em mãos, disse:

– Você tem ideia de quantas pessoas já me entregaram projetos, propostas, ideias... como esta aqui? – indagou, altivo, lançando meu impresso à mesa.

– Não – respondi, resiliente, escondendo a pausa na minha respiração.

– Inúmeras. Incontáveis. E quantas pessoas você acha que eu recebi, assim como estou recebendo você?

– Não imagino – gostando da linha de raciocínio.

– Nenhuma – uma pausa.

Uau! Isso era como uma medalha, para mim. Aquilo sim era um elogio. Dos melhores. Ao qual não pude responder, a não ser com uma cara de paisagem.

– Está muito claro, bem elaborado, muito bem-feito. Mas se eu contratá-la para tanto, os professores vão ouvir, vão até gostar, mas na segunda-feira estará tudo igual, e, mesmo implantando um projeto, não haverá ninguém para fazer com que dê certo. Eu preciso de alguém para assumir as atividades e gerenciar o programa. Sei que você está vinculada à outra academia, se não te interessar, você poderia indicar alguém? – concluiu, objetivo.

Muitas informações para processar. Nunca tinha estado naquela situação, em que uma simples resposta poderia ter um grande impacto. Estava bem claro porque ele era tão empreendedor e tinha feito tanto pela área. Era um visionário.

– Não me ocorre ninguém, na verdade – não era mentira. Não conhecia ninguém que não o decepcionaria. Na verdade, o desafio era grande demais até para mim, a pessoa que passara pelo seu crivo e tomou alguns de seus preciosos minutos.

– Como não? De onde você veio? Qual sua história? Onde aprendeu a fazer o que faz? – perguntou-me, sabiamente.

Essa foi uma das perguntas mais importantes da minha vida. Nunca tinha pensado nisso. A resposta seria longa demais, mas era clara para mim. Eu era o resultado de inúmeras experiências, de um livro todo, de uma soma das coisas que aprendi na faculdade em cada disciplina, na pós-graduação, no mestrado, na academia, com meu trabalho, com meus alunos, com meus avós, enfim, com *eles*. As leituras que fizera, os filmes assistidos, a criatividade da criança que vivia em mim. Não tinha explicação. Não houve um livro apenas, nenhum curso específico, nenhum mestre sozinho que tivesse me feito chegar àquele ponto, àquela cadeira. Era apenas eu. E, por algum motivo, isso não parecia animador.

– Foi uma mistura de influências, não houve um berço comum. É uma longa história – resumi. – Mas estou disposta a considerar, adoro desafios e seria uma experiência incrível criar e gerir um programa com essa estrutura e incentivo – conclui, incerta.

– Bom, sendo assim, faça sua proposta comercial. – Levantou-se, estendeu a mão, e nos retiramos da sala.

A expressão da gerente não estava menos assustada do que a minha. Ela não entendeu, exatamente, o que tinha acontecido ali. Eu estava com aquela frase na mente: *Faça sua proposta comercial.* O que era aquilo, afinal? Nunca me perguntaram o quanto eu queria ganhar, sempre fui informada, passivamente, do valor da hora e ponto. Como eu poderia pedir um valor para um cargo que era novo, que eu nem tinha conhecimento da faixa salarial? Além disso, havia muito a se considerar. Eu tinha seis anos e meio de emprego, naquela academia que tinha sido minha segunda casa. Estava grávida de quase cinco meses. Tinha meus alunos particulares, que garantiam minha renda e que eu teria que deixar. Sem falar no fato de que meu novo emprego, caso aceitasse, ficava a uma hora e meia de trânsito, no mínimo, do outro lado da cidade. Ah, mas o desafio era encantador. Pensei vários dias. De qualquer forma, teria que dar uma resposta. Tinha feito uma conta básica do quanto eu precisaria ganhar para mudar, considerando os alunos que disseram que continuariam comigo em outros locais. Então, a conta ficou: renda dos *personais* remanescentes menos despesas mínimas (enxugadas) igual a novo salário. Bom, pelo menos foi assim que eu raciocinei. A soma foi assustadora, para meus padrões da época. Parecia muito, muito, muito. Ninguém iria pagar isso, não na minha área. Sentia-me até fora da realidade. Eu estava pedindo o salário de um coordenador em tempo integral, trabalhando meio período. Redigi, com calma, o e-mail endereçado a ele e à gerente. Na hora de digitar o valor, hesitei. Diante do computador, simplesmente não conseguia teclar aqueles números. Meu irmão viu a cena.

– Vamos, coloque! Você não tem nada a perder. Eles que querem que você vá. E, além disso, para dar a volta na cidade, tem que compensar. Você está grávida e trabalha ao lado de casa, pelo amor de Deus! – animou-me.

Ele tinha toda razão. Num ímpeto, digitei os números e cliquei em *enviar*.

A RESPOSTA NÃO DEMOROU. A GERENTE MARCANDO UMA REUNIÃO. Não era possível deduzir nada naquela mensagem, imparcial. Ansiosa, fui até lá, pronta para uma negociação. Certamente, vão tentar baixar a proposta. Ela me recebeu.

– Quando vi sua proposta, confesso que achei muito. Imaginei que ele não fosse aprovar. Mas ele disse "tudo bem", fiquei surpresa, mas... Agora temos que falar sobre seu cronograma de trabalho, ele não havia notado sua gravidez. Quando você pode começar e como será sua licença?

Uau! Parei nas primeiras falas "tudo bem"! Demais! O pensamento ganancioso de que eu "bem que poderia ter pedido mais" passou rapidamente, confesso. No entanto, só o que contava era a gratidão e felicidade por ter tido meu valor respeitado, o fato inédito na minha trajetória, e a lição de que é preciso coragem e ousadia para avançar na vida. Voltando aos detalhes, meu bebê. Estava certa de que ficaríamos bem e que tudo estaria sob controle. Já tinha calculado o nascimento dele para uma época de baixa frequência na academia, pensando em voltar a trabalhar rapidamente, de qualquer forma. Mas eu precisaria de, pelo menos, um mês na outra academia para preparar uma pessoa no meu lugar.

– ...Então, poderia iniciar em agosto, trabalhar no desenvolvimento do projeto até a semana do idoso, lançá-lo e teríamos o recesso de dezembro. Se tudo continuar bem, como está, posso trabalhar até o nascimento e retorno quarenta dias depois, em fevereiro – assumi.

Firmamos o compromisso, ousado, mas me sentia *mesmo* bem. Ótima. Nunca melhor.

De volta, informei a situação e formalizei minha demissão (de novo), garantindo o prazo de trinta dias para a preparação de uma nova professora. Dessa vez, não houve objeções. Era mesmo uma grande oportunidade.

Difícil foram as etapas da despedida naquela família que eu tinha formado há um ano e meio. Muita tristeza entre nós, entre elas, mais do que eu poderia esperar. Muitas trocas de afeto, muita demonstração de amor. Despedimo-nos numa última aula, dançando *New York, New York*. Editei um vídeo com fotos nossas, nossos melhores momentos e, no final, a frase que havia resumido meu novo conceito de sucesso, o conceito de sucesso que *eles* me ajudaram a enxergar, e adotar para minha vida dali para frente:

"Bem-sucedido é aquele que fez diferença na vida de alguém.

Obrigada por me fazerem sentir BEM-SUCEDIDA!"

Esperando apenas homenagear, fui grandemente homenageada com uma placa, o carinho de todos, cartas, abraços e tímidas lágrimas. A essência daquele momento foi diretamente para meu ventre: *Filho, eu desejo que você tenha um trabalho que te emocione, sempre!* Eu era mais do que privilegiada. Na placa em aço inox, os dizeres da minha mãe e turma gravados para sempre:

Bem sei eu que tudo podes, e que nenhum dos teus propósitos pode ser impedido. (Jó 42:2). Cris, você já era filha amada de Deus antes do ventre, sensível ao sofrimento alheio. Nestes vinte e sete do sete de dois mil e seis, expressamos o quanto te amamos e reconhecemos o valor de toda a sua vida. Os frutos de sua existência se mostram na sua gestação e no crescimento do seu bebê, o programa que você trouxe para nós.

No departamento de Recursos Humanos da rede, o funcionário jurássico que cuidara da papelada admissional seis anos e meio antes, questionou:

– Você está se demitindo grávida de seis meses?

– Sim! – explicando minha nova etapa.

– Você vai ser contratada grávida de seis meses? – ainda mais surpreso.

– Sim! – assenti.

– Fale a verdade. Você está sendo pressionada. Você não precisa fazer isso! – insistiu.

– Não! Está tudo bem! É isso mesmo que quero! – entre risos.

– Então você é louca! – concluiu a voz da experiência em Recursos Humanos nas corporações. E hesitou em prosseguir com os trâmites burocráticos, dando-me chance para pensar (e desistir) em sua torcida paternalista.

Aquilo era mesmo inédito.

Ainda sem uma sala e com uma barriguinha bem mais proeminente, dei início ao cronograma de trabalho. Acomodada em uma sala de reuniões e portando meu notebook, comecei a teclar o que seria o futuro programa de idosos daquela inebriante instituição. Pouco tempo depois, estava pronto o manual técnico do programa e eu estava satisfeita com o resultado. A campanha de marketing estava sendo realizada, o programa batizado, e o início da aula específica voltada para habilidades neuromotoras.

A primeira aula estava bem mais cheia do que eu esperava. As pessoas adoraram! Na terceira semana tivemos um novo aluno. Antes de conhecê-lo, como era procedimento do programa, ele passou por uma avaliação física com a avaliadora da noite. Recebi o relatório da avaliação antes da nossa primeira entrevista. Telefonei, imediatamente, para um grande parceiro de trabalho, o responsável pelo departamento de avaliação, um homem experiente, inteligente, marido de uma doutora em Fisiologia que me dera aulas na graduação e que eu admirava muito.

– Estou com o relatório do aluno novo, ela deve ter coletado errado todos os testes ou tabulado errado. Ele tem oitenta e oito anos, como pode ter esses resultados? – questionei.

– Cris, você já viu o aluno? – perguntou-me.

– Não.

– Então, converse com ele primeiro. Eu também pensei isso, mas, quando o conheci, parece que está tudo certo. Depois você me fala – aconselhou.

A espera de um senhor de oitenta e oito anos com resultados de avaliação de um homem sedentário de quarenta, tentava me livrar dos pré-conceitos. Ao recebê-lo, dei uma conferida nas minhas escápulas, aproximando-as para melhorar a postura, imediatamente. Elegante, incrivelmente ereto, havia sinais de um pequeno peitoral nas linhas horizontais da camisa cara. Cabelos totalmente brancos, bem cuidados, um belo sapato, um sorriso jovial e um aparelho auditivo nos ouvidos. Ah, estavam certos. Os testes. Todos. Seguindo o protocolo da entrevista, chegou a hora das atividades anteriores.

– Nunca fiz musculação, nunca fiz academia, minha última proeza foi judô, treinei por quatro anos. Fui campeão brasileiro na minha categoria – deu de ombros.

– Uau! Quando foi isso? – será que ele lembraria?

– Há quatro anos.

– Como? Quer dizer, você treinou quatro anos e foi campeão há quatro anos, então começou a lutar judô aos oitenta anos? – perguntei indignada.

– Isso mesmo – respondeu com a naturalidade de um adolescente. – Mas eu já fiz de tudo, polo aquático, equitação, *snowboarding*... – seguiu uma lista impossível de acompanhar.

Estava explicado. Tinha algumas empresas, cuidava de todas elas e, como um simples *hobby*, tinha criação de avestruz. Ele era uma máquina. Era o Senhor Incrível! Hesitei em convidá-lo para a aula de habilidades neuromotoras, mas segui o protocolo.

Àquela altura, já havia chegado aos meus ouvidos a informação de que a sua secretária, a bela garota de vinte e poucos anos, era, na verdade, sua namorada.

Como o segundo homem da turma, o Senhor Incrível se saiu muito bem em sua primeira aula, mais do que bem, para ser justa. Habilidoso com bola e na coordenação motora, realizou, sem dificuldades, o movimento ritmado proposto, enquanto muitas alunas estavam em seus tropeços de direita e esquerda, frente e trás. Ele adorou a aula, divertiu-se. Agradeceu-me e despediu-se. Um cavalheiro.

Quando eu saí da sala, na segunda aula do Senhor Incrível, três alunas me aguardavam para uma conversa. As três estavam fazendo as aulas desde o primeiro dia, sempre com elogios entusiasmados. Foi então que aconteceu.

– Olha, nós estamos aqui para uma conversa muito constrangedora, mas a gente acha melhor falar para você do que, simplesmente, não vir mais à sua aula e ficar com conversas pelas costas – assumiu a presidência da reunião, a mais descolada das três. Com uma notória curiosidade e estranhando o rumo da conversa, acompanhei. – Sabe o que é – continuou – você é ótima, sua aula é ótima, nós estamos adorando, mas a gente acha que você deveria colocar um limite de idade para sua aula! Você vê, aquele aluno novo, é deprimente ficar ao lado daquele velho! Ai... aqueles aparelhos de surdez, o jeito que ele se veste... *Argh*! A gente está vivendo uma fase difícil, veja bem, estamos numa idade que não nos encontramos! Eu vou comprar roupas nas lojas de grife que eu gosto, não tem nada para o meu tamanho! É um absurdo! Só se faz roupa para esqueletos! – referindo-se aos modelitos de uma grife famosa. – Eu, principalmente – continuou –, que tenho um marido mais jovem, tenho que me cuidar, menopausa, minha libido não é a mesma, me preocupo com isso e, por todas essas coisas, queremos estar ao lado de gente jovem, não daquele velho! Você precisa definir o máximo de idade para sua aula, não pode vir ninguém com mais daquela idade. Diga a ele que não vai poder fazer sua aula! – ordenou.

– Quantos anos você tem? – perguntei para ouvir, em voz alta, o que eu já sabia.

– Sessenta e cinco – engasgou.

– E vocês? – perguntei às outras duas cúmplices.

– Sessenta e oito.

– Sessenta e seis.

– E quantos anos vocês acham que ele tem? – perguntei.

– Ah... uns setenta e três? – palpitou corretamente, pela aparência dele, a oradora da morte.

– Ele tem oitenta e oito – corrigi.

A reação foi de surpresa ao cubo.

– Ohhhhhh!!!! Nem parece mesmo! Muito velho. Muito velho.

Chegara a hora do meu contra-ataque. As três eram muito mais descoordenadas do que ele. Eram muito menos habilidosas, tinham mais problemas de saúde e dores articulares, artrose nos joelhos. Elas, na verdade, poderiam atrapalhá-lo em aula, e não ao contrário. Ele deveria ser uma inspiração. A dor no meu coração era esmagadora. Alguém estava, cruelmente, atacando um dos meus filhos, um dos meus velhinhos, neste caso, o Senhor Incrível. Não era justo. A ira me fez acordar para um segundo de misericórdia, eu precisava ter sabedoria para sair da situação. Foi quando elaborei, cuidadosamente, minha resposta, buscando o melhor em mim.

– Quero agradecer a confiança por me trazerem este feedback. Vocês são alunas desde o primeiro dia e acho que já deu para perceber que eu uso estratégias pedagógicas que garantem a todos o desenvolvimento ótimo, cada um no seu nível, cada um com suas limitações e potenciais, sem que um atrapalhe o outro, mesmo em uma turma heterogênea.

– É, a gente sabe, é verdade!!! – assentiram.

– Dessa forma, não vejo razão para dividir a turma por faixa etária. Até porque, o critério da idade é relativo, ele, com oitenta e oito anos, está muito melhor que muita gente na faixa dos sessenta. Mas eu tenho que respeitar a opinião de vocês, já que eu não faço a menor ideia do que seja viver o que vocês estão vivendo. Eu estou *muuuuuuuito* longe de chegar aos sessenta... de ser idosa, sabem? – adorando o que vem depois do "mas". Continuei: – Eu só imagino que, *quaaaaaaando* eu chegar a essa fase, adoraria ter ao meu lado alguém como ele, tão longevo e tão saudável, um exemplo! Rico, sem nenhuma dor, sem nenhuma doença, joelhos perfeitos, coordenado, tendo apenas um aparelho auditivo para denunciar a idade, e cabelos brancos, é claro, e... – numa pausa para dar a cartada final – uma namorada de... trinta anos! – menti, dando à garota uns dez anos a mais.

A reação seguinte me fez arrepender. Por um segundo, apenas. Sentindo um deleite de vingança em meu coração, fracassando completamente na tentativa de ser superior, reagi a toda futilidade e injustiça que alimentaram minha ira durante uma vida inteira, vomitando-a de uma vez naqueles rostos enxertados. Os gritos agudos nos mais altos decibéis, ao cubo, invadiram cada canto daquele andar.

– *AAAAAAAHHHHHHHH!!!!* Não acredito! Este mundo está perdido! Não há esperança para nós! Pelo amor de Deus! – esbravejavam em um só coro, dando-me a certeza de que a mensagem fora bem compreendida, que era: "Queridas, se *esse velho* quiser uma mulher, todas vocês são velhas demais para ele."

Quando a explosão acalmou, pude concluir, tão somente:

– Bem, como disse, não tenho motivos para pedir que ele se retire das minhas aulas, mas vou compreender se vocês não vierem mais. Agradeço por tudo, boa sorte – finalizei retirando-me.

Esse acontecimento marcou minha história, pois foi a primeira vez que a verdade sobre certas pessoas veio à tona. E não eram poucas, infelizmente. É muito interessante o ser humano. Queremos viver muito, temos medo de morrer, mas não queremos ficar velhos, nunca. Tratamos mal os velhos, não queremos nem vê-los, mas temos mães e pais, avós, sogros... seremos, um dia, o que eles são e podemos, com seus bons e maus exemplos, tomar decisões melhores que mudarão nossos futuros. Mas não. Preparamos a cama do preconceito sobre a qual vamos nos deitar em poucos anos, num piscar de olhos. Falo hoje do velho que um dia eu serei, com sorte. Eu ensino a todos a falarem mal de alguém que eu serei amanhã. É incoerente. Até mesmo insano.

E absorta, completamente perdida em minhas reflexões e sentimentos, associando um acontecimento a outro, entrei na máquina do tempo e voltei àquele navio.

NOSSO PRIMEIRO CRUZEIRO MARÍTIMO! Celebrando quase um ano de casados nas férias de verão, aquela viagem foi um sonho realizado. O grande navio de uma das maiores empresas marítimas do mundo estava realizando um roteiro temático, com dança de salão.

Como todo príncipe que se preze, o convite de fazermos aulas de dança de salão veio dele, e iniciamos assim que meu pé se recuperou da nossa lua de mel. Apesar de anos de experiência prévia com vôlei e outros esportes com bola, ele levava muito jeito para dançar. Uma postura de lorde inglês. Na programação, todo tipo de aula e ritmo. Organizamos uma sequência de atividades, de forma a aproveitar tudo, como bons pobres.

À noite, bailes de ritmos selecionados em cada *nightclub*, e nosso favorito era sempre o de salão: bolero, gafieira, rock, forró.

Cansados, aproveitamos para nos sentar e espiar as pessoas na pista. Era incrível a quantidade de mulheres idosas viajando com amigas! Bem cuidadas, cheirosas e bem-vestidas, demonstravam o glamour de uma vida próspera. Muitos casais, alguns *personal dancers*, e os animadores do navio tirando a mulherada desacompanhada para dançar. Uma bela vista para quem gosta da dança. Facilmente, um casal chamou nossa atenção, ganhando o foco naquela fotografia de detalhes. Uma mulher com mais idade do que a aparência, bela postura, belo vestido, joias, um belo par de sapatos, um sorriso despreocupado tatuado nos lábios. Seu parceiro, um moreno alto, forte, sorriso de cristal, parecido com algum tipo de astro pop estrangeiro, não mais do que trinta anos. Claramente, um *personal dancer*, a julgar pelo profissionalismo, dança perfeita, cordialidade com sua parceira. Devia ser sua aluna fazia muitos anos, vê-los dançar era um privilégio. Ao meu lado, duas senhoras também notaram sua presença, e murmuravam...

– Olha que absurdo! Gastando o dinheiro do falecido com o "Ricardão"!

A mulher sorriso dava mais uma abertura no refrão do bolero, conduzida pelo seu elegante parceiro, coreografia típica das princesas da Disney, despertando mais comentários...

– Falecido deve estar se contorcendo na cova! Absurdo...

Foi quando a salvação daquela triste mulher se levantou, do outro lado da pista, e veio em sua direção. Um distinto senhor, contemporâneo, certamente, veio andando através da pista como um bálsamo de esperança. As duas, ao meu lado, lembraram-se dos ísquios, das escápulas, endireitando a postura, colocando ambas as mãos sobre as coxas, num gesto de prontidão. Uma inspiração profunda se fez audível. Ah, que emoção! Estávamos a poucos passos de ver a razão de toda inveja dissipar-se ao som do próximo bolero. O cavalheiro se aproxima com seu paletó abotoado, como manda a etiqueta da geração, com um sorriso discreto, estende a mão esquerda, gentilmente, e tira para dançar a garota de vinte e poucos anos sentada ao lado das duas senhoras.

(...)

A frustração se materializou no desabamento de todas as vértebras, a começar pelas cervicais. Que judiação. Que judiação. Aquilo alimentou, com um belo jantar, meu monstro interior devorador de homens. Não tem jeito. Homens. Uma vida inteira sem olhar o próprio umbigo murcho. Prometi a mim mesma que seria como a mulher sorriso, pagaria por um habilidoso e profissional parceiro de dança, que me faria flutuar ao som de músicas imortais. É horrível não se permitir. *Tomara que o falecido esteja, mesmo, revirando-se na cova*, pensei.

Fartos do baile da vida, fomos dormir. Subindo a escada iluminada, virei de costas para o espelho, dei uma olhadinha para trás, e lá estava ela. Totalmente exposta pelo comportamento inadequado e imprevisto do forro do vestido por baixo do crochê: minha bunda.

(...)

Depois daquele dia, a situação do Senhor Incrível não ficou fácil. Em uma roda animada, ele se aproximava para dar "Bom dia", as pessoas saíam "Está na hora da minha aula", "Tchau", "Vou para a esteira". Num passe de mágica, estávamos sozinhos, constrangidos. Nas aulas de alongamento que ele entrava, pessoas se retiravam. Não demorou para ele perceber a discriminação, e nunca mais apareceu.

Em contrapartida, o grupo que permaneceu fiel às aulas era muito especial. Pessoas e histórias de vida diferentes, mas numa harmoniosa integração. Tinha a mulher culta, inteligente, estrangeira. Presenteou-me com um belo livro de conceitos sobre cozinha, que explicava em detalhes cada tipo de panela, a função e o uso de cada tempero, os tipos de cozimentos, em vez de responder a cada pergunta boba que eu fazia. Tinha a mulher mãezona, carinhosa, que estava sempre preocupada com meu bem-estar, com meu filho, singela e delicada. Tinha a excêntrica, a mulher maravilha com quase oitenta anos, feliz, realizada, com estilo próprio. Tinha a tímida, meiga e insegura que, a cada erro, pedia mil desculpas, envergonhada por "desapontar" a professora. "Burra, burra, burra!", ela dizia. Até que surgiu a nossa Mascote.

Trazida pela neta, a Mascote veio substituir, de certa forma, o enxotado Senhor Incrível. Aos oitenta e cinco anos de idade, arrastava seus pequenos pés escorados por uma bengala, movia seu corpo magro e atrofiado com a lentidão que lhe era coerente. Como eu costumo dizer, seu andar atrapalharia a marcha dos pombos na calçada. Não ouvia quase nada, tampouco enxergava. Sofria de um tipo de glaucoma sem cura, sem tratamento, que a deixara praticamente cega. Enxergava apenas vultos e já estava adaptada a isso, tendo certa autonomia e independência. Morava com a neta e com a filha. Aquela era uma garota de ouro, nem vinte anos de idade, tratava a avó com todo carinho que ela merecia. A preocupação com os cuidados da saúde física e mental da avó partiu dela. Com informação correta, soube a respeito do programa e ingressou com ela na academia. Sabia que somente o exercício direcionado poderia garantir a manutenção da autonomia física que ela ainda possuía.

Como sua locomoção era muito lenta e seu equilíbrio era mínimo, passou seu primeiro mês fazendo fortalecimento muscular, na sala de musculação, sob meu acompanhamento. O primeiro desafio dela era aprender a ajustar sozinha os aparelhos de sua série, por meio do tato. Ao final dessa fase, ela já caminhava pela academia sem a bengala. Muitas pessoas elogiaram o trabalho, mas, ao mesmo tempo, muitas a olhavam como se fosse um tipo de *alien*. Já com locomoção independente, pôde iniciar a aula coletiva que eu ministrava.

Embora ela fosse muito menos habilidosa do que os demais, as estratégias pedagógicas permitiam que ela se desenvolvesse sem prejudicar a evolução dos outros. A turma já estava selecionada, segundo os conceitos de Darwin. Ninguém que tivesse sérios problemas com sua própria condição de envelhecer permanecia entre nós. Assim, ela passou a ser a nossa Mascote. Com o tempo, começou a surpreender. As coisas que falava, as brincadeiras e o senso de humor revelavam uma mulher inteligente, experiente, divertida, que gostava de viver e vivia cada momento. Sua primeira bola ao cesto, no basquete, fez a turma vibrar! Virou moda. Era só pegar a bola e cesta, cesta, cesta. Tudo isso tendo apenas o vulto de um aro à sua frente, com certeza. O preconceito de alguns, no entanto, era de enojar. Cientes da minha alta capacidade de "contra-atacar", as pessoas não falavam nada para mim, mas era impossível que minha legião de aliados não me informasse dos comentários maldosos. Inclusive sua neta já tinha ouvido e visto muitas coisas desagradáveis. A sorte era que ela não ouvia e não enxergava, sentia-se bem, acolhida, querida, a Mascote da turma.

Ah, como minha visão de mundo tinha se transformado! As coisas são tão relativas... Dizem que o tempo nos faz amadurecer, eu acho que o tempo não faz nada além de permitir a soma das coisas. O acúmulo. O hábito de aprender com as experiências pode, sim, trazer maturidade, com o tempo. O hábito de reagir às experiências pode trazer a amargura. O tempo sozinho é apenas tempo.

O tempo de adoecer chegou para o herói de uma grande amiga, minha irmã maionese, como costumávamos nos chamar. Seu pai havia sido internado diversas vezes, com insuficiência cardíaca e complicações da diabete, e, na última vez que voltou para casa, teve a necessidade de *home care*. Sua fragilidade física agravou muito com os períodos de internação e repouso. Ela me pediu para que o visse e avaliasse se havia alguma coisa que ele pudesse fazer, na condição em que estava, que o ajudasse a recuperar parte da independência física. Pequenos sonhos como levantar--se, andar, usar o banheiro, tomar banho, sem a ajuda de ninguém. Fui vê-lo. Havia sido informada de que ele andava muito nervoso, porque estava com muita vontade de comer um tal bolinho que sua esposa fazia, mas que fora proibido de comer.

Entrei no quarto em que ele estava acamado. Uma cuidadora, os filhos, a nora, a esposa e eu. Sentei-me ao seu lado.

– Olá! Como vai o senhor? – perguntei, buscando seu olhar. Não me olhou, e deu de ombros. – O senhor consegue se sentar? – tentei avaliar seu grau de força e controle postural.

– Não sei – respondeu sem me olhar.

– Vamos tentar? – encorajei-o. A cuidadora e mais duas pessoas se aproximaram para segurar suas mãos e puxá-lo para a posição sentada. – Não. Deixem-no tentar. Eu preciso ver o que ele consegue sozinho – corrigi.

Com dificuldade, as pessoas se afastaram, sempre com aquela sensação de "Ai, meu Deus, temos que ajudá-lo". Ele começou suas manobras, buscando recrutar, descoordenadamente, um músculo ou outro, na tentativa de sair da posição reclinada para sentada, na cama. Vagarosamente, sem nenhum jeito, conseguiu. A expressão em seu rosto revelou uma agradável surpresa. Seus olhos se abriram mais, ainda sem focalizar os meus.

– Muito bem, o senhor conseguiu! Agora, acha que conseguiria colocar suas duas pernas para fora da cama? Vamos tentar? – encorajei novamente.

– Será? – indagou-me, aumentando a expectativa.

Com mais facilidade desta vez, levou ambas as pernas, uma de cada vez, para fora da cama, ficando sentado.

– Ótimo! Muito bom. Agora, vamos tentar levantar. Escorregue para a frente, até tocar os pés no chão, apoiando as mãos na cama – orientei, já sentindo a responsabilidade do desafio.

Ele foi escorregando, teve aquela velha sensação de tocar as solas dos pés no chão e transferir todo o peso. Segurou em minhas mãos e, diante de ansiosos espectadores, levantou-se. A vontade foi de aplaudir, como se aplaudiria uma criança que acaba de dar seus primeiros passos. Voltando-o à posição sentada sobre a cama, começamos outra conversa:

– Mas eu não estou bem. Não me deixam comer os bolinhos dela! – reivindicou.

– Mas você não pode! O médico já disse! É teimoso! Não adianta! Se não fizer a dieta certinha, você vai morrer! – exclamou exaltada a esposa.

– Mas se não puder comer os bolinhos, de que adianta viver, não é?! – compreendi.

Dentre o silêncio que se fez no ambiente, ele olhou nos meus olhos, pela primeira vez. Olhou as pessoas. Olhou novamente para mim e disse, por fim:

– Essa menina é boa!

Risadas quebraram o clima fúnebre. Senti-me maravilhosa, eu havia percebido o cerne de uma questão entre vida e morte. Há certos tipos de vida que não *lhes* interessa, certamente. Era compreensível, mas não para quem os ama. Não para os que dariam tudo para ter aquele ser amado mais alguns anos no seio da família. Infelizmente para os que ficaram e felizmente – quem sabe – para ele, o comedor de bolinhos partiu pouco tempo depois. Sem ter comido seu último bolinho, devo dizer. Ou melhor, sem que soubesse que aquele bolinho, aquele engolido sem nada de especial antes que tudo isso acontecesse, fosse ser seu último. Há sempre um último, algum teria de ser.

Em meio a tantos acontecimentos, um personagem entrou na história, mudando-a, completamente. Meu bebê Luan.

VOU TER UM PARTO NORMAL. ESTÁ DECIDIDO! Quer dizer, se Deus quiser. Apesar de não ter referências de nenhuma mulher da minha geração que pudesse dizer que havia vida vaginal após esse tipo de parto, eu quero.

Os conselhos das amigas foram desanimadores: "Que louca, sentir dor para quê?", "Imagina, cesárea é muito tranquilo, você não sente nada!". Preferi ignorar, fascinada com a perspectiva de sentir, pela primeira vez (e talvez última), como é parir um filho. Tanta perfeição no corpo humano, a anatomia da mulher desenhada para esse momento. A fisiologia do bebê e da mãe conectadas como a ponte entre a vida intrauterina e uma nova vida, na atmosfera terrestre. Num momento tão importante desse novo ser, sua mãe presente, com seus músculos, suor, respiração, força, coragem. Imaginar-me atada, cheia de controles, inerte, inútil, passiva, faz-me angustiar. Eu não! Quero suor, lágrimas, caretas. Quero fazer meu filho nascer, diante dos olhos e mãos experientes do médico, e deixar-lhe passivo, não o contrário. Não sentir nada… imagine.

Trinta e oito semanas. Qualquer momento agora. O problema é que me sinto tão bem, a sensação é de que poderia ficar grávida para sempre. Ainda fazendo as aulas de hidrogestante, para ver se alguma movimentação provoca o início das contrações.

Trinta e nove semanas. Li que a prostaglandina presente no esperma pode ajudar a desencadear o trabalho de parto.

– Por favor!!! – suplico.

– Não!!! Vai bater na cabeça do menino!!! – fugia, meu marido impressionado.

Quarenta semanas. Eu quero meu bebê! Tudo pronto, quero meu bebê! Será que vai ser hoje? Será que chega até de noite? Será nesta madrugada? Será que vai ser hoje? Será que chega até de noite? Será nesta madrugada? E mais um dia. E mais um dia.

Fui dormir naquela noite. Minha mãe acampada na sala fazia alguns dias, em prontidão para quando chegasse o momento. Onze e meia da noite, deitada na cama, choro. Ansiedade como não me lembro de ter sentido. Sinto um líquido escorrendo. Ai, meu Deus, o menino não nasce e agora dei para fazer xixi… Vou até o banheiro, lembrei-me de verificar se tinha cheiro de urina – informações úteis do meu acervo pró-maternidade. Ops… não tem cheiro de urina!!! Não é urina!!! É líquido amniótico! Ele vai nascer!!! É agora!

A felicidade era indescritível. Imediatamente, entrei no chuveiro, malas prontas e no carro por semanas, era só colocar uma roupa confortável e acordar os recrutas de plantão. Tomei banho com calma, sabia que tudo demoraria horas. Pensei que haveria mais líquido, pelo que li…

Enrolada na toalha, chego perto do futuro papai, para uma fala que desejei dizer a vida toda:

– Amor, está na hora!

– Hã...?

– Está na hora!!!

– Tá bom, deixa eu dormir... – resmungou.

Nesse exato momento, uma poça se fez entre meus pés.

– Vamos! Olha só este chão encharcado! Estourou minha bolsa!!!

Essas palavras devem ficar ocultas no DNA masculino desde o espermatozoide. Quando ouvidas, fazem os coitados saltarem dois metros, mesmo partindo do modo hibernação.

Minha mãe fez parecer que eu não era a única com problemas para dormir, e saímos com bastante rapidez, rumo à estação "mudando sua vida completamente": a maternidade.

– Nenhuma dilatação. Vou ligar para o seu médico – foram as palavras da enfermeira obstetriz.

Vamos, funcione! Vamos, funcione! Ligue o motor aí!!! Mentalizava meu corpo à toda prova.

– Não. Não. Sim, doutor. Vou prepará-la para a cirurgia – desligando o telefone.

A água dos olhos desceu com a mesma facilidade que aquela que encharcou a toalha sobre a qual me sentei no banco do carro. Com quarenta semanas e cinco dias, eu não tinha contrações e dilatação. Com resignação, recebi o pacote com a vestimenta cirúrgica e fui ao banheiro. O telefone toca.

– (...) Sim. É... ela chorou um pouco. Está certo. (...) Ele quer falar com você.

– Oi, doutor – procurando animar a voz.

– Fique tranquila, é o melhor a se fazer. Estamos com quase quarenta e uma semanas, ele está bem grande pelo último ultrassom. Poderíamos induzir, mas seria arriscado. Eu sei que você tentou, e que tem seu retorno ao trabalho agendado, mas eu prometo que vou te deixar pronta para pular em quarenta dias! – confortou-me, mostrando para que se tornara médico.

Aquelas palavras mudaram, completamente, minha energia. Renovada, entrei na sala de cirurgia, que ficava bem ao lado do sonhado *Delivery Room*, sem lamentar.

Enquanto os procedimentos de preparo eram realizados, comecei a sentir pequenas contrações. Uma delas, bem dolorida, por sinal. Aquele era só o começo. Sem pensar, fiz um pedido apressado:

– Tragam logo o anestesista, por favor!!! – mudando totalmente minha opinião sobre aquela filosofia de parto normal.

Ah, o ser humano! Quando a dor é no outro, a gente é tão forte...

Não sinto nada da cintura para baixo. É como se não existisse. Um cheiro de queimado. Umas manobras, minha pelve balançando de um lado e do outro.

– Nasceu! – exclamou meu marido.

O próximo som foi seu choro. Uma única lágrima escorreu pelo meu rosto maquiado, elixir de toda aquela felicidade. Demoraram aqueles segundos inevitáveis e o trouxeram embrulhado em seu primeiro tecido, com uma touquinha na cabeça. Luan.

A sensação é indescritível! Por mais que se fale em amor, a energia que nos mantém conectados eternamente é quase tão palpável quanto o cordão umbilical. Se sentimos amor pelo bebê durante a gestação, ele aumenta ainda mais no nascimento, prova da necessidade humana de ver e sentir para acreditar que é real.

Assim como a sua gestação foi muito tranquila, ele era um bebê tranquilo. Mesmo assim, a maternidade fez com que uma simples visita à manicure fosse um grande acontecimento, com efeitos pirotécnicos e tudo.

Amamentei com dificuldade, até meus bicos perceberem que não tinham mais doze anos. Mas, como prêmio dessa jornada, amamentei-o até seus dez meses de vida.

Um filho muda a visão de mundo. Isso não é novidade para ninguém. Para mim, era como se as cores tivessem ficado mais fortes, como se eu tivesse tirado óculos de fundo de garrafa, e passasse a enxergar tudo como é. Entendi a letra da música "eu preciso de você, porque tudo que eu pensei que pudesse desfrutar da vida, sem você não sei…". Eu já não era responsável por mim, mas por nós. Amor que não está aqui, está em algum lugar livre do tempo e do espaço, chega a ser inatingível, inviolável, ilimitado. Para minha surpresa, eu já sentira este amor. Acho que Deus, em sua sabedoria suprema, inventou os filhos para que os reles mortais pudessem experimentar uma pequena amostra do Seu Amor por nós.

Mais uma vez, meu conceito de sucesso havia sido mudado. Eu teria sucesso quando fosse capaz de amar os filhos das outras mulheres, como amo o meu. Parece impossível, então é bom que eu me mantenha sempre humilde, já que, por enquanto, não tenho sucesso algum.

Não foi difícil voltar ao trabalho. Meu emprego dos sonhos. Eu já tinha tomado minha decisão, mesmo antes de casar. Eu teria uma vida. Uma que fosse minha. Por mais amor que pudesse sentir por outro ser, por mais que fizesse questão de ser uma mãe presente, nunca poderia abrir mão da minha vida por meus filhos. Não queria que o tempo se encarregasse de transformar meus dependentes em independentes, enquanto me soterrasse sob os escombros de quem fui um dia, a ponto de não mais me encontrar. Não queria ter aquele sentimento de vazio, quando os membros da família se desmembram para formar outras, ou quando morrem, e perceber que até você já se foi, há muito tempo. Queria me levar comigo pela vida. Queria ser minha cúmplice e minha testemunha, minha fortaleza e meu refúgio, meu guia, meu farol.

Fracassei. A esta altura, já tinha me perdido, e nem percebera. Não foi culpa do meu garotinho. Não foi culpa de garoto nenhum. Foi minha. Talvez não tenha conseguido aguentar a pressão de ser adulta. Talvez tivesse me frustrado com a realidade dos empregos, das organizações. Talvez, todas as vozes "Você vai ver quando crescer!" estivessem ditando um ritual pré-programado, um roteiro a ser seguido, e eu segui, inconsciente.

Um dia você está sonhando em salvar o mundo em uma carteira escolar, certa de que é capaz, e de que é até fácil. Depois, está sonhando com o futuro, com sua linda e próspera vida, uma família feliz, como naqueles comerciais de margarina. Viajar o mundo todo, ter uma bela casa, duas ou três, "o céu é o limite". E, então, está sonhando em salvar a vida das pessoas com seu talento profissional, fazer a grande diferença no mundo. Aí, de repente, você "acorda" e está checando sua conta-corrente, contando quantos dias faltam para seu próximo salário. Vai ao mercado, à procura dos itens listados no cartaz de "procura-se vivo ou morto" da sua geladeira. Paga as contas, algumas vencidas. Compra alguma coisa usando seu cartão mágico de crédito dos sonhos, para lhe trazer um certo senso de autonomia e poder. Até parcela a compra, para ter seu gostinho estendido mais alguns meses. Prepara as coisas para o dia seguinte, checa a agenda, confirma seus compromissos, começa mais um dia, torcendo para não acontecer nenhuma "surpresa", como um pneu furado, um assalto, um filho doente, um cliente cancelado.

Celebramos as sextas-feiras. Celebramos os feriados. Amaldiçoamos os fins de domingo. O ano todo esperamos pelo Natal, que é quando nos lembramos de todas as pessoas negligenciadas pela agenda lotada de "tarefas", e recebemos o Réveillon como um sopro de esperança, de que tudo, no dia seguinte, vai ser diferente, melhor. Melhor é a palavra que basta. É a promessa dos fogos de artifício e dos rituais supersticiosos que todos condenam, mas que todos aderem, com mais ou menos fervor, só para garantir.

A política do país é irritante. Fala-se sobre o enredo da novela, do Carnaval. Fala-se do clima, do ponto da carne, do tempero da comida. Fala-se sobre a atitude alheia, seu modo de vestir, de andar, seu corte de cabelo, sua orientação sexual (como se estivéssemos interessados em dormir com eles...). Nada se fala a respeito dos conflitos vividos, dos fracassos, das frustrações, dos planos, dos... hum... sonhos. Sonhar passa a ser um verbo de lunáticos e alienados. Não se fala essa palavra. Não se pergunta isso a ninguém. O próprio ser vai tirando essas ideias impertinentes da mente, vai se convencendo de que o tempo de sonhar ficou para trás, na inocência de uma juventude desavisada e inexperiente. A vida adulta é "desperta" demais para ilusões. Levanta-se da cama para viver o dia de amanhã, guiados pelo de ontem, sem sentir o hoje passar por nós, convidativo e vazio.

Mesmo diante do milagre da vida, tão pequenino em meus braços, eu não fui diferente de ninguém. A "estrela cadente" era apenas uma promessa não cumprida, perdida no tempo da inocência.

Foi em um treinamento de uma multinacional na área de bem-estar que conhecera há poucos meses que eu a encontrei. E tivemos uma longa conversa.

Era a palestra de um grande homem. Sua luz, sua energia, era como se estivesse possuído pelo espírito de Deus. Um homem comum, tornando-se gigante em cima daquele palco, um Enviado dos Céus. Suas palavras foram cravadas nas profundezas do meu córtex cerebral. Em meio ao seu discurso, uma conversa paralela perfeitamente clara aos meus ouvidos limitados: "O que você está fazendo?", "O que você está fazendo?", repetia a voz daquela menina, em algum lugar atrás da minha orelha.

Ela foi mais longe: "Você se lembra das suas bonecas, que ganhavam três trilhões de dólares por segundo?", "Você se lembra da casa com dez quartos e uma piscina?", "Você se lembra do edifício azul na Avenida Paulista?".

Não. Eu não me lembrava dela. Não me lembrava da menina que jurou não fugir de um desafio, nem da que enfrentou uma dor insuportável e duradoura para brilhar na sapatilha de ponta. Não me lembrava da garota que fechava as bibliotecas e não sabia o que era o cansaço, em busca de uma meta. Nem da que conseguiu produzir quase trezentas páginas em cinco dias. Não me lembrava de mim.

Dos sonhos lunáticos e incensuráveis da menina, aos passos ousados e perseverantes da adolescente, para a rotina da vida diária de uma mãe de família, rumando a lugar algum.

"Em que mundo você vive?", quantas vezes ouvira isso, e não percebi a armadilha do *jogo coletivo do senso comum*. O jogo da vida, todas as tarefas do dia a dia, todas as dificuldades, sem perceber, você DEIXA DE ACREDITAR. Trabalha tanto, que não tem tempo para acordar e realizar. O vazio e a insatisfação tomam conta, tornam-se doenças, dores, raiva, INVEJA. Quando deixamos de acreditar no mundo, na vida, no universo, na grandeza de Deus, deixamos de sonhar. Essa é a resposta. A resposta para a pergunta que aquela menina fazia.

Deixamos de ser felizes quando deixamos de sonhar.

O ser humano envelhece, quando deixa de sonhar. Se não acreditamos em nós, deixamos de sonhar. Se deixamos de sonhar, deixamos de perseguir nosso propósito, o propósito de nossa vida, aquele que nos trouxe aqui. As palavras do Enviado dos Céus "Você poderá vencer, mesmo que ninguém acredite em você. Mas nunca poderá vencer se não acreditar em si mesmo", não eram novidade, mas foi a menininha quem repetiu, repetiu e repetiu, nos meus ouvidos, naquele dia. Clamamos a Deus para aliviar nosso sofrimento, ou para nos poupar dele, porém nunca lhe confessamos os desejos mais profundos do nosso coração. Para nós, nem mesmo Deus poderia acreditar neles.

"Você está entendendo a frase pelo amor ou pela dor?"

A voz do Cazuza repetia o trecho favorito, escrito para mim: "...E *aquela garota* que ia mudar o mundo, agora assiste a tudo em cima do muro".

O choro vinha da alma, e não cessou por quase vinte e quatro horas. Ela estava de volta, a Força, aquela certeza i-na-ba-lá-vel de que eu seria capaz de fazer a mudança e retomar minha vida, embora precisasse de ajuda, pois eu não tinha a menor ideia de onde recomeçar. Fiz as pazes com as garotinhas que estavam me cobrando a continuidade da história, as próximas páginas. Elas não me deixariam ser feliz, com certeza. Elas fariam meu mundo interior ser um lugar sombrio, tão vazio, que eu sempre precisaria de alguma distração, o barulho da televisão, uma briga com um colega de trabalho, uma inimizade, uma opinião adversária, um político para canalizar a raiva, uma mente ruidosa de pensamentos compulsivos, na maior parte deles, de uma entidade sentada à mesa do juiz, condenando a tudo e a todos, com seu martelo da certeza absoluta sobre todas as coisas – meu ego. Eu seria uma velha infeliz e doente, não importando a idade atestada pelo meu RG.

Você pode se perdoar por qualquer erro que cometa, mas nunca poderá se perdoar por não seguir o seu propósito. É preciso fazer o que se veio fazer AQUI! E como se sabe isso? Ah, elas sabem. As crianças. Não em seu córtex, mas em seus instintos. Os adultos desaprendem a seguir seus instintos. Eu não sabia sequer onde estavam meus instintos. Mas quando você se conecta e pede, pede à Força uma orientação e se ENTREGA, coisas estranhas começam a acontecer. Então, você descobre o verdadeiro significado da palavra coincidência. Esta é a palavra usada para definir tudo aquilo que acontece e que não é "coincidência". Uma série de coincidências, são essas coisas estranhas que começam a acontecer quando você se conecta e pede.

A primeira coincidência foi uma visita inesperada na aula do meu programa da academia. Um rapaz de aparência estranha, um neto de alguém, com certeza.

– Posso assistir à aula? – perguntou, com educação.

– Fique à vontade.

A aula foi apenas mais uma na rotina de um trabalho bem-feito. Nada me intimidava ter uma pessoa assistindo, pelo contrário. Ao final da aula, ele veio conversar. Apresentou-se, era o gerente de projetos de uma importante e conhecida organização não governamental, depois me contou uma história nada previsível.

– (...) Estamos pensando em iniciar um projeto voltado para idosos. Um dos colaboradores passou pela sua sala, viu seu trabalho, gostou, pediram para que eu viesse aqui conversar com você.

Simples assim. Alguém passou pela minha sala, com fechamento de vidro, viu de fora, nem ouviu nada. E lá estava eu, recebendo uma proposta para fazer a supervisão técnica do futuro projeto de idosos daquele famoso instituto.

Foi assim que conheci o menino que tinha minha idade, cabelos rebeldes, olhos esverdeados, tão esverdeados quanto sua energia, um Menino Verde. Sua maneira de se vestir, seus tradicionais chapéus, seu desapego ao mundo material e sua aversão ao capitalismo burguês me faziam pensar que ele bem poderia ter sido parte do movimento hippie, ou um revolucionário comunista da época da ditadura (foragido, com certeza), se tivesse nascido antes.

Algumas conversas se sucederam, elaboramos o projeto de acordo com as diretrizes exigidas, alguns meses depois recebemos a resposta. Ele não havia sido aprovado na instância federal.

Em paralelo, aquele estava sendo o melhor ano das minhas aulas na pós-graduação! Muitas viagens a trabalho, conhecendo a realidade dos profissionais da minha área em importantes e longínquas cidades do Brasil. Era incrível o efeito que a aula tinha sobre eles. As coisas que escreviam nas avaliações, a forma emocionada com que finalizavam o dia do domingo. Era meu momento favorito! Receber todo aquele carinho, reconhecimento, lágrimas (muitas vezes), e voltar saudosa para casa, tendo meus dois homens de braços abertos no saguão do desembarque. Meu baixinho de pouco mais de um ano, correndo entre as pessoas para me abraçar! Eu poderia ficar nessa vida para sempre. No entanto, havia uma coisa que acontecia em todas as aulas. Alguém sempre vinha me perguntar, com certa aflição, se eu poderia indicar um livro, um curso, outra pós-graduação que pudesse ajudar a continuar aprofundando os conhecimentos que eu havia trabalhado. A resposta sempre era não. Imediatamente, eu me lembrava das palavras do meu mais recente patrão: "De onde você veio?". Alguns até me perguntavam: "Onde aprendeu a fazer o que faz?". A pergunta estava me perseguindo! A sensação de não ter uma resposta já estava desconfortável demais, era como se eu não tivesse escrito o livro, desenvolvido o curso, estruturado o método. A culpa era minha, por mais ilógico que pudesse parecer. Algumas vezes, respondi:

– Perdoem-me! Eu não escrevi o livro, nem fiz o curso. Perdoem-me! – assumindo uma responsabilidade incabível.

Isso não diminuía a admiração das pessoas, ao contrário. Até esse ponto, tudo o que eu queria era inspirá-los. Lembrava das palavras do Enviado do Céus novamente:

– Inspirar é soprar vida em alguém! – dizia o iluminado.

Inspirá-los a fazer mais e melhor, fazer com mais amor, fazer com mais conhecimento, compreendendo o *contexto deles*. Eu queria ser como minha Professora Doutora Famosa, jogar sementes, mesmo que germinassem longe dos meus olhos. Eu deixava fluir uma energia poderosa por mim e obtinha uma plateia hipnotizada, como prêmio.

Ainda que um dia escrevesse um livro que os ajudasse a trabalhar, ainda que um dia desse um curso específico, fora da grade da pós-graduação, eu teria passado a vida fazendo isso, com certeza. Se não fosse aquela TEMPESTADE. Essa foi outra – estranha – coincidência.

A FAMÍLIA ESTAVA QUASE COMPLETA! FALTAVA ALGUÉM. O plano de ter dois filhos sempre existiu, desde a concepção do primeiro, pois eu havia sentido na pele a importância de ter um irmão.

Um irmão é, em primeira instância, uma escola. Temos de aprender a dividir, desde pequenos, os brinquedos, o espaço, o quarto, a atenção. Aprendemos que existem prioridades, necessidades de outro alguém que são mais urgentes que as nossas, às vezes. Temos companhia para brincar, construímos memórias infantis em comum, embora com leituras completamente diferentes. Um irmão é a prova de que a maneira de enxergar e registrar o que acontece conosco é o que importa, e não o acontecimento em si. Aos poucos, é possível perceber que tudo pode ser dividido, menos o amor. Este é proveniente de uma fonte inesgotável, e não é como uma coisa a ser separada em porções. Um irmão é uma escola! No futuro, um irmão pode ser uma referência das suas raízes na

Terra. É alguém que vai dividir os verões e os invernos da sua vida, principalmente quando seus velhinhos se forem.

Tenho dois irmãos, e sempre fui louca por eles. Uma menina, minha companheira de brincadeiras, apenas dois anos e dois meses mais nova que eu. Ela foi a principal vítima da minha criatividade infantil. Bom... não exatamente ela, suas bonecas, melhor dizendo. Meu irmão nasceu quando eu tinha cinco anos. Lembro-me bem daquele bebezinho de olhos azulados. Ele deu muito trabalho, sempre teve um incontrolável instinto de viver com plenitude. Brincava na rua, ia mal na escola, nunca repetiu de ano, mas nunca passou um ano sem recuperação. Tinha os joelhos esfolados e a roupa sempre suja. Quando pequeno, amigos sempre tocavam a campainha para chamá-lo em casa. Quando cresceu um pouco mais, eram os vizinhos que tocavam: uma vidraça quebrada, um muro pichado... Meus pais souberam conduzi-lo maravilhosamente, e hoje é um homem incrível! Sempre conseguiu o que queria, fazia acontecer. Chegou a ter um cavalo, aos onze anos, só para andar pelas ruas perto de casa. Sua perseverança sempre foi uma lição. Mas as dificuldades com sua criação, somadas às minhas experiências com meninos, davam-me a certeza do que eu queria para mim: ser mãe de menina!

Planejei a gravidez da minha filha com um pouco mais de tranquilidade. Dessa vez, eu teria uma licença-maternidade. O cálculo do mês da gravidez buscou apenas respeitar a distância mínima de idade de uma criança para outra, dois anos e dois meses, tal como minha irmã e eu. Era uma boa diferença, nem tão distante a ponto de terem universos muito diferentes, nem tão próxima a ponto de me enlouquecerem. Com informações recém-adquiridas sobre administração financeira, elaborei uma completa planilha com os custos do enxoval, quantidades e preços de cada item a ser comprado e o novo orçamento familiar. No primeiro mês de tentativa, a repetição de um ritual: o vaso, o coletor de urina e eu. Meus homens estavam na sala, sem saber o que eu tinha ido aprontar no banheiro... Em questão de alguns segundos, meu mundo havia mudado completamente, de novo. A onda quente de alegria plena tomou conta de mim, mais uma vez, nesta vida. Sem chorar, saí correndo do banheiro e abracei meu pequeno menino.

– Tem um bebê na minha barriga! Tem um bebê na minha barriga! – gritava entusiasmada.

Como já planejava a gravidez, marquei um ultrassom antes do dia da consulta periódica com meu ginecologista. Se houvesse gestação, seria já o primeiro exame, com quatro semanas. Se não houvesse, meu exame periódico já estaria realizado.

Meu marido sempre me acompanhou em todos os ultrassons do Luan, mas este primeiro estava marcado entre meus compromissos múltiplos, e ele não poderia estar presente.

– Não fique chateado, não tem problema! Este primeiro ultrassom é só aquele que aparece o saquinho gestacional, nem dá para ouvir o coração! – falei, justificando meu agendamento nada democrático.

Fui com o Luan ao laboratório. Ele era bonzinho o suficiente para aguardar sentado na cadeira ao lado da mesa de exame, mesmo com apenas um ano e meio.

A médica introduziu o aparelho, e a primeira imagem que apareceu na tela eram... eu podia jurar que vira dois saquinhos gestacionais. *Nossa... Devo estar vesga!* Chacoalhando a cabeça para posicionar melhor os olhos fui vendo as imagens dos meus ovários, num ângulo diferente, enquanto a médica fazia suas medições. Com certeza era apenas uma sombra da imagem, não havia ninguém com gêmeos na minha família, nem na do Marcelo. As estatísticas estavam ao meu favor. Até que a médica se pronunciou:

– Você fez algum tratamento para engravidar?

Ai, meu Deus. Por que essa pergunta? Ai, meu Deus.

– Não... – ai, meu Deus.

– Quantos anos você tem? – veio com a pergunta bomba atômica número dois.

– Trinta... – respondi já sem fôlego.

E sem explicar suas perguntas, voltou a mira do aparelho para aquela imagem "mudando sua vida para sempre" – ali –, com a nitidez de milhares de pixels, duas bolinhas escuras num mar cinzento, anunciando uma forte tempestade.

– São dois tá, mãe! – buscando um tom calmo e maternal.

– Meu Deus. Meu Deus. Meu Deus. Meu Deus. Meu Deus. Meu Deus – falei, repetindo o mantra, incansavelmente.

A cada pensamento sobre o futuro, eu exclamava um "Meu Deus". Minha mente visitou, em segundos, o último trimestre de gestação com o enorme tamanho da minha barriga; o boleto da escola para três; as despesas do mês; as despesas da festa do casamento, da formatura; as viagens em cinco; a minha planilha perfeita, na célula do *total*, colocando um *2. Meu Deus. Meu Deus. O mundo estava girando, todo junto, compactado, naquela sala escura. Eu queria minha mãe, meu marido, minha irmã, minha amiga maionese!

– Você tem como ir embora? – perguntou-me.

– Sim – assenti e me retirei, com meu pequeno pelas mãos, o herdeiro de uma família colossal.

Ao fechar a porta, um novo olhar para as gestantes imensas na sala de espera. Eu era duas delas na mesma barriga. Eu tinha uma turma dentro de mim. Estava frita!

Peguei o telefone celular com as mãos tremulas, e quase não consegui digitar os números.

– Ma, são dois!

– Oi, Cris! Está tudo bem? E o Luan, ficou quietinho? – perguntou a segunda vítima dos meus óvulos atômicos.

– São dois!

– Tá, e aí, está tudo bem? Como foi?

– São dois!

– Ah, Cris, para de brincadeira! E aí, está tudo bem?

E após mais alguns minutos de tentativa...

– Ma, eu estou há quase dez minutos te falando que estou grávida de gêmeos, estou aqui sozinha e desesperada e você não para de falar que é brincadeira!!! Dá para levar a sério, porcaria?!

– (...) Eu já te ligo... – disse, desligando o telefone na minha cara, como quem vai dar uma desmaiada e já volta.

Anunciei o acontecimento a todos que atenderam ao telefone. Tive muito apoio da família, mas estava em choque. Medo. Medo. Um medo que nunca havia sentido antes.

Com o passar dos dias, os medos foram se multiplicando. Medo de ficar imensa, de estragar meu belo corpo. Medo de sentir dor, de passar mal. Medo de não conseguir trabalhar, de ter que interromper minhas atividades muito cedo e ter problemas financeiros. Medo de não dar conta de três crianças, de três bebês, sozinha. Medo de não conseguir continuar com minha vida, de perder o controle de tudo. Controle. Palavra interessante. Ter o controle é ter segurança, é uma "certeza" de que temos a direção, o comando. Comando que me foi tirado, simplesmente. De um dia para outro, todo o controle que eu pensava ter tornou-se nada. Os medos que me preocuparam na primeira gestação haviam sido superados, eu tinha o benefício da experiência. Agora, estavam de volta em dobro! Não tinha como saber o que estava por vir.

Logo o pensamento de que eu estava esperando duas meninas me motivou. Já estava olhando as revistas com motivos cor lilás ou cor-de-rosa, completamente de bem com a cor. Escolhemos os nomes, Manuela e Milena. Enfim chegou o dia do ultrassom morfológico, no qual poderíamos saber os sexos. Era a confirmação da realização de um sonho! *Deus, por favor, se for um casal, mostre-me a menina primeiro!* – eu pedia, ciente dos efeitos adversos da expectativa.

– Vamos ver o sexo do primeiro bebê. Hum... é outro menino! Com certeza – anunciou o doutor.

– Eba!!! O Luan vai ter um amigão! – meu marido aumentou o tom entusiasmado para me distrair.

– Agora vamos ver o outro...

Por favor. Por favor.

– O outro bebê é um menino também. Parabéns!

– Ebaaa! Vamos ter um time de futebol! – reforçou meu companheiro, tentando dar um novo sentido a tudo aquilo para mim. E foram as últimas coisas que ouvi.

Controle-se. Não chore aqui. Controle-se, ocupava-se minha mente.

Quando os manobristas trouxeram os carros, algumas lágrimas romperam a barreira do autocontrole. Ele me olhou e disse:

– Não fique assim! São nossos filhos! Não importa!

– Eu sei. Vou ficar assim só agora. Está tudo bem – falei, permitindo-me um momento de frustração.

O caminho de volta foi banhado por muitas lágrimas. Eu amava meus filhos, confiava em Deus, sabia que era o melhor para mim. No entanto, estava deixando sair de dentro a vida que imaginei que teria, desde criança. Ter uma filha para comprar-lhe bonecas e todas as coisas lindas que meninas usam. Ter uma filha para levar ao *ballet*. Ter uma filha para ver meus netos crescendo em seu ventre, e ser o seu porto seguro nos momentos de dificuldade. Ter a intimidade maternal para ajudá-la na amamentação, nos cuidados com meus netinhos. Não. Tudo desapareceu. Eu seria uma sogra! Uma avó paterna! Embora soubesse das exceções, como meus próprios avós, a maioria dos avós paternos fica à margem das necessidades das noras, enquanto as avós maternas estão muito mais presentes. Como havia dito, foi apenas um momento que se encerrou em resignação e resiliência. Acho que Deus estava me cobrando a reposição do "estoque", por ter tirado o Deus Grego do mercado...

Theo e Victor! Escolhemos os nomes.

Com vinte semanas fui proibida de fazer atividades físicas. QUAL-QUER atividade... Meu colo parecia não estar sustentando bem o peso.

Com vinte e oito semanas parei de trabalhar. Já estava bem grandinha. Minha barriga só crescia para a frente, de modo que ninguém via minha gravidez quando eu estava de costas. Sentia muita azia e falta de ar. Como é horrível sentir falta de ar! Senti pena dos idosos que sentem.

Após um ultrassom de rotina, fui encaminhada para um exame especializado na cardiologia fetal.

– Não se preocupe, é que o Theo tem uma artéria única no cordão umbilical, e quando acontece isso pode não ser nada, mas é procedimento solicitar um exame específico – disse o doutor.

No exame, Theo estava perfeito. Victor tinha uma comunicação entre os ventrículos e outra entre os átrios, num tamanho importante. Isso era corrigido cirurgicamente.

– Não se preocupe. Não quer dizer que ele tenha que operar assim que nascer, e ainda serão feitos exames no recém-nascido para verificar se há mesmo necessidade de cirurgia. Ele está bem, vai ficar tudo bem – a experiente médica de cabelos avermelhados foi cuidadosa e carinhosa ao dar a pior notícia da minha vida.

Engraçado. Um dia você está chorando por uma coisa horrível. No outro você tem um motivo ainda pior, muitas vezes, infinitamente pior, para chorar. Deveríamos poupar algumas lágrimas. Apesar do seu jeito "um dia depois do outro" de dizer, eu sabia que meu bebê seria operado. Um cardiopata. Seu primeiro rótulo.

Histórias horripilantes jorravam sobre mim, na tentativa dos mais próximos de me dar um certo conforto. "Não se preocupe, há coisas muito piores, veja esse exemplo, veja o outro, veja o outro. Ele tem um caso simples e vai se sair bem." No entanto, aquilo era um cenário dos infernos. O sofrimento dos outros em nada aliviava meu sofrimento, pelo contrário! Não senti revolta, não senti raiva, não me virei contra Deus, eu sentia dor. Dor profunda. Dor irremediável. Dor intensa. E falta de ar. E azia.

Com o avançar do tempo, a barriga foi ficando imensa. O desconforto físico era indescritível, de forma que eu passava a maior parte do tempo em silêncio. Não tinha dores nas costas nem nas pernas, graças ao meu condicionamento físico, no entanto tinha uma dor visceral, uma pressão sobre os ligamentos que mantinham meus órgãos em algum lugar entre o bumbum de um e o cotovelo do outro. O calor não me deixava dormir, no auge do verão e da distensão da pele. Trinta e duas semanas. Eu pedi para marcar a cesárea. Não suportava mais.

– Com trinta e duas semanas não. Se você chegar até trinta e seis, marcamos. É o mínimo que posso fazer – disse meu querido obstetra.

Sem condições de sair na rua. Se eu tentasse comer fora, nem cabia entre a cadeira ou o sofá e a mesa do restaurante. Fora minha mãe, parecia que ninguém compreendia o que eu estava passando.

– Vamos dar uma volta no shopping! – convidou meu marido.

Hum... Se eu for, será que vou conseguir chegar ao banheiro a tempo de não soltar urina na roupa? Será que vai ter uma vaga próxima para estacionar? Será que eu vou passar mal de falta de ar? Será que eu aguento? Compreendi o que alguns idosos sentiam e pensavam, antes de decidir ficar em casa mesmo.

Trinta e seis semanas. Escolhi a data. Cesárea marcada pela manhã. Não dormi naquela noite. Não dormia fazia muitas noites. Deitada no chão, aos pés da cama do meu garotinho, pensava no que seria de nós. Eu estava completamente sozinha.

Marcar uma cesárea não tinha toda a emoção de uma bolsa rompida, mas de volta à mesa das parturientes imóveis, sentia-me feliz, pela primeira vez depois de colher a urina no banheiro de casa. Aquele momento foi abençoado. O desejo de vê-los era mais forte que tudo! De repente, comecei a respirar, depois de meses de falta de ar. O primeiro choro, Theo!

– O Theo já nasceu! – anunciou o pai babão, uma notícia dada, primeiro, pelo meu diafragma.

Vai, filho! Vai, filho! Buscando me conectar e ajudar o pequeno Victor a vir ao mundo.

O segundo choro, que logo parou.

Após alguns minutos, os dois estavam ao lado do meu rosto. Um de cada lado, competindo pelo meu olhar. O Victor em silêncio, em paz. O Theo roxo de chorar.

– Vai ficar tudo bem, filhos. Eu vou cuidar de vocês. Mamãe está aqui. – Coisas que qualquer mãe deseja dizer a um filho, nascido de si mesma ou não.

Dois quilos setecentos e setenta.

Dois quilos setecentos e trinta.

Dois meninos fortes e lindos, mais duas placentas e dois reservatórios de água dentro de mim. O Victor foi direto para a UTI, para que avaliassem melhor seu caso. Desconforto respiratório ao nascer, foi o que disseram. Ele estaria de volta à tarde. Não, no dia seguinte. Não, à noite. Não, amanhã. De forma que ficou por lá cinco dias.

Voltando para casa, tivemos quase um mês sob "controle". Até que não era difícil cuidar de dois bebês, tendo a experiência do primeiro. Amamentava, dava banho, trocava fraldas com maestria. Com quase dois meses, alguma coisa começou a acontecer, e os dois choravam de uma forma que não conseguia descrever. Gritos de horror! Dignos de um filme de terror dos piores. Dia e noite, sem cessar. A boca não fechava para pegar o peito, nem para pegar uma chupeta, de forma que eles nem usaram. Gritos. Gritos. Nada ajudava. Nem colo, nem banho, nem massagem, nem orações. Desespero. Os dois choravam juntos ou se revezavam com quinze minutos de diferença.

Aos dois anos e três meses de vida, Luan, vendo meu desespero e minhas lágrimas com aqueles dois bebês aos gritos, aproximou-se, colocou as duas mãos em meu rosto, e disse:

– Mamãe, não chora! Estou aqui com você! Fica feliz! – Desmanchando meu coração apertado, palavras que eu não esperaria daquele pingo de gente, ditas com um semblante angelical e dicção perfeita. Ele é mesmo um menino especial. Ele deveria ser mais um para eu cuidar e, no entanto, estava cuidando de mim e me ajudando. Ele tentava, inutilmente, colocar a chupeta nas bocas escancaradas. Sem sucesso, olhava-me culpado. Um gigante. Deus mandou um gigante para lutar ao meu lado.

As noites eram intermináveis. Eu não conseguia deitar na cama, nem por cinco minutos. Ficava na poltrona ou no sofá a noite toda. Com quarenta dias comecei a dar aulas de *personal*. Cinco e quarenta da manhã era minha primeira aula. Saía sem ter dormido. Achava ótimo o momento de sair e parar de ouvir os gritos. Esperava a hora da diarista chegar para trabalhar, duas vezes por semana. À tarde, ia para a casa da minha mãe tentar dormir um pouco.

Algumas noites, o Luan acordava com o barulho, assustado. Ele passou a dormir no meu lugar, com a porta fechada, para que eles pudessem descansar o máximo possível.

O cardiopediatra que estava acompanhando o Victor anunciou a cirurgia. Marquei a visita com o cirurgião, que recebera o caso.

– Quando podemos agendar a cirurgia, doutor? – perguntei, endurecida.

– Parabéns. Nem todas as mães têm tanta coragem – disse o médico veterano.

– Eu não tenho coragem. Nem escolha. Se precisamos passar por isso, que seja o quanto antes.

O dia da cirurgia chegou, ele não tinha nem dois meses completos. Arrumei-os, o macaquinho de *plush* favorito, a internação seria bem cedo. Antes de sair de casa, coloquei o Theo ao lado do Victor no berço e tirei uma foto, sem ter certeza de que teria outra oportunidade de fotografar os irmãos juntos novamente. Foto triste.

No caminho para o hospital, um dia lindo de outono. As pessoas andando pelas ruas, dirigindo seus carros sob um generoso céu azul, e para mim chuvas fortes, relâmpagos, trovoadas, um cinza doído e angustiante. Não era justo. *Hoje não é um dia comum.*

As horas se arrastaram entre preparativos e burocracias, até que chegou o momento de levá-lo à porta do centro cirúrgico. Do colo do pai que vivia seu pior dia, ao de uma enfermeira que cumpria mais uma rotina de trabalho, e a porta de aço se fechou, deixando-nos apenas na companhia das lágrimas de agonia e medo.

Minha irmã, enfermeira de cardiologia pediátrica, conseguiu autorização para acompanhar a cirurgia.

Voltamos ao quarto para esperar as próximas seis a oito horas de sofrimento puro e prece. Duas mensagens, horas depois "Está tudo bem", "Está tudo bem" era tudo o que minha irmã pôde dizer, confortando-nos. A última mensagem: "Terminou. Está tudo bem" foi como um sopro de vida.

Ela subiu primeiro, disse que tinha corrido tudo bem, mas seu semblante era sério. Olhou-me nos olhos, misturando seus papéis de irmã e enfermeira.

– Você tem que se preparar para vê-lo. Ele vai voltar intubado, com o dreno, cheio de acessos e controles. Ele ficou com um olhinho roxo por causa dos curativos. Está acordando da anestesia aos poucos. É uma cena forte para as mães. Vai precisar esperar aqui até eles prepararem tudo no quarto da UTI. Você tem que se preparar para vê-lo – preveniu-me, aumentando minha ansiedade pelo meu filho.

Assim que liberaram nossa entrada no quarto da UTI, lá estava ele, tal como tinha imaginado, um horror. Inchado, boca seca e fissurada, intubado, um curativo no esterno e o corpo coberto de fios, acessos, controles, um olho roxo, um tubo na barriga, meu bebê. Por pior que parecesse, o alívio de que estava vivo. Abracei o médico que o trouxe de volta para mim. Gratidão. Profunda e eterna gratidão. A Deus e aos homens usados por Ele. Tirei fotos dele. Gostaria que ele as visse no futuro. Gostaria que ele soubesse pelo que passou, e que desse valor à sua vida.

Na sua primeira noite, peguei um lápis e um papel e escrevi-lhe uma mensagem:

01/05/2009
Victor, meu bebê,

Hoje é o primeiro dia pós-cirurgia no coração, e você está aqui no berço, intubado, com drenos, acessos e controles para todos os lados, como você vai poder ver nas fotos que estou tirando.

Estou escrevendo para que você possa ler isso no futuro e saber o quanto Deus foi misericordioso conosco, com sua vida, e te livrou do pior. Escrevo para você saber o quanto a sua vida é importante e preciosa para nós, todos nós. Escrevo para você dar valor à sua vida para sempre, e ser grato a Deus, enquanto viver.

Quando soube da necessidade breve da sua cirurgia, um imenso nó se fez em minha garganta, e só saiu uma semana depois, quando minha fé se fez mais forte. Tive que ser muito forte. Saber que você seria submetido, tão pequenino, a um procedimento como este, sem entender nada e nem poder se defender, e eu não poderia fazer nada, além de me curvar a Deus e clamar pela sua vitória. Tive que ser forte, mas nem por isso lágrimas deixaram de rolar no meu rosto, nem por isso o nó deixou de aparecer, e o medo de perder você foi grande, mas não maior do que minha fé. Sempre que um pensamento ruim vinha à minha mente, eu o afastava, pedindo a Deus forças para crer no melhor, incondicionalmente. Se eu tivesse a certeza da vitória, não temeria nada. Tive medo de vê-lo sofrer, e agora, vendo você aqui, assim, tenho certeza de que vai lutar no fundo da sua alma, e que vai se recuperar muito bem, mas sofro muito por não poder enxergar o meu lindo bebê, não poder acalentá-lo, segurá-lo no peito, e temo pelo que está por vir, quando você acordar e se perceber atado, intubado e, quem sabe, só. Aproveite esta experiência para dar valor a cada minuto da sua vida, a cada respiração espontânea que fizer, a cada sabor que sentir, a cada toque que chegar à sua pele, a cada palavra de amor e vida que puder sair de sua boca, a cada imagem que seus olhos virem, pelo amanhecer, pelo anoitecer, por cada batida do seu coração. Volte para nós. Te amo, filho.

Em horários definidos, deixava o seu leito para tirar leite. Um ritual. Desinfetar mãos, usar uma parafernália quase cirúrgica, entrar no recinto com meu equipamento leiteiro. Colocar o suporte no mamilo e deixar aquela bomba impiedosa sugar o leite da mama túrgida. Na primeira vez que fizera isso, logo que ele nasceu, na UTI da maternidade, uma lástima. Um sacrifício e muita dor para tirar 30 ml de leite. Olhar o ranking das outras mulheres me fazia sentir uma porcaria! Tinha mulher que coletava 200 ml!!! Vacas. Agora, a sensação era outra, prazer imenso vendo aquele jato de leite esguichar o tubo de vidro fazendo barulho, branco e quente, de dentro de mim, para alimentar e fortalecer meu bebê, ainda que pela sonda.

– Vou precisar de mais um vidro, por favor. – O êxtase daqueles dias de inverno em pleno outono.

Não acredito que tem mulher que ignora essa bênção. Não acredito que estão com seus bebês em belos macaquinhos, saudáveis e rosadinhos, sentadas à poltrona da mamãe, e rejeitam-lhes o seio. Há quem não saiba dos milagres que vive. Eu sabia do meu. Graças a Deus.

Enfim, voltamos para casa. Eu só tinha que cuidar dele, dar banho e trocar o curativo, e tentar ignorar o buraco profundo que seu dreno deixara bem no meio da barriga. Difícil era vê-lo chorar a cada espirrada, o que demorou meses para parar.

As noites de horror não melhoraram, o inverno chegou, fazendo-me sentir muito frio, sentada naquele sofá de couro. Meus tímpanos estavam pulsando e doendo, a ponto de explodir. Minha irmã me arranjou um protetor de ouvidos específico para quem trabalha em aeroportos. Passei a usá-lo todas as noites, ainda assim, meus ouvidos doíam muito. Algumas mães precisam de babá eletrônica. Eu precisava de tampões de ouvidos.

A completa privação do sono, o trabalho e aquela tortura levaram meu corpo e minha alma ao mais extremo nível de estresse pelo qual passei na vida. Não poder acalmar meus filhos, não poder fazer nada para melhorar aquele terror. Comecei a temer pelo meu equilíbrio mental. Enquanto tentava fazer o choro cessar, inutilmente, olhava a chave de casa com a do carro no mesmo molho, pendurada na porta de saída. Seria tão fácil. Comecei a me imaginar, simplesmente, indo embora. Sumir do mundo. Virar a chave, descer o elevador, ligar o carro, sumir. Seria tão fácil. Não pude. Amava-os demais. Mas, nem por isso, deixei de olhar a chave, e pensar. Nunca mais poderei julgar quem faz isso, ou coisa pior. Escapei por pouco de uma loucura.

Foram dez meses de noites em claro, aos gritos. Quando eles completaram dez meses, passei a acordar somente duas ou três vezes por noite, para dar uma mamadeira, e estava no paraíso.

A pediatra dos meninos pediu um ecocardiograma para o Theo, só para verificar, já que ele tinha sido examinado ao nascer e recebera alta do cardiologista. Marquei para o dia 23 de dezembro, fui só com ele, e a médica que já havia realizado exames no Victor me recebeu. Ao final do exame, um anúncio:

– Não sei como dizer, mas o Theo tem o mesmo problema do Victor. O exame dele está praticamente igual ao do irmão antes da cirurgia. Marque consulta com seu cardiopediatra, ele vai precisar fazer a cirurgia em breve. Eu sinto muito.

(...)

Saí da sala. Levei-o até a brinquedoteca da clínica. Coloquei-o no chão. Ajoelhei ao seu lado. Então, sozinha, chorei, até não ter mais lágrimas, poder sair dali e dirigir.

Não. Não. Não. Tudo de novo. Não.

Não pude dizer a ninguém. No dia seguinte, era a véspera de Natal, a ceia na minha casa. Não consegui dar este presente a eles.

No dia de Réveillon, meu sogro passou mal com falta de ar e foi internado. Dezessete dias depois, aos oitenta e três anos, ele faleceu. Foi a primeira morte depois que eu... bom... morri também. De certa forma. Depois que se corre o risco de perder um filho, no meu caso, dois, ou você mata a maneira antiga de ver a vida e a morte, ou vai morrer junto. Isso ficou claro para mim.

Pouco tempo antes, um livro chegou às minhas mãos. Um dos livros da série deixada como herança pelo Homem do Espaço. Apenas mais um livro, e era como se eu tivesse acordado de um sono profundo, de cem anos. Falava sobre o *Poder do Agora*, seu título, de Eckhart Tolle. Naquelas páginas, muitas peças que estavam faltando compuseram meu quebra-cabeça, ajudando-me a encontrar a evolução por trás da dor, o milagre por trás do caos. O problema do sofrimento é o TEMPO. O tempo que pensamos existir, o passado e o futuro, equivocadamente. O medo do que poderá vir e a amargura do que já se foi. A mente humana está sempre presa em um desses tempos, e a maioria transita várias vezes ao dia por ambos. Usando as dicas do autor, um anjo, alguém que agradeço, procurava me concentrar no AGORA, pensando no que ele me trazia de REALIDADE. É incrível o quanto a dor passa depressa. Quem dura, até uma vida inteira, é o sofrimento. Ninguém percebe que o inimigo é o sofrimento. Ninguém teme o sofrimento, teme a dor. Teme o mais fácil, o mais breve e o mais enigmático meio de nos fazer EVOLUIR. Quando temos medo da dor, já estamos sofrendo. Procurava me concentrar na tarefa sendo cumprida, no presente. Procurava me atentar ao meu corpo, à minha respiração, aos meus sentidos e às informações sensoriais que o ambiente me trazia. Afastava, de forma consciente, pensamentos indesejáveis, localizados fora do agora. Fracassava, muitas vezes, mas passei a perceber isso, e a ouvir a voz da consciência me dizendo que estava fora, ausente, no sofrimento, por escolha própria. A inconsciência morreu, assim como prometera o autor. Pensei na vida, e em tudo que vivera até ali. É verdade. Cada medo que tive se dissipou na magia do presente e, vivendo-o, já não fazia sentido. Quando o momento futuro se fazia presente, não havia motivos para temer. Quantas vezes temos que repetir este processo até aprender a CONFIAR? Como uma criança que tem medo do monstro embaixo da cama, e olha diversas vezes, até que um dia se convence de que não existe.

Havia também uma reflexão sobre realidade. Tudo o que é real não pode perecer e morrer. A forma física morre, nossa roupa na Terra, nosso veículo. A essência é o que se ama, não a forma física, e essa é imortal. A essência, a energia, aquilo que amamos em quem amamos é imortal. Não é possível separar-se desse amor, e este nos transporta para a imortalidade. É o amor que nos torna eternos.

De repente, nosso velhinho se foi. Rápido, graças a Deus. Em sua cerimônia de cremação, a primeira a qual tinha assistido, ouvi as músicas que meu marido selecionara para o momento. Músicas que ele gostava. Ao som de belas vozes, um último instante na presença de seu caixão, já fechado. Nada de covas e terra, e a música cortava lindamente o silêncio fúnebre. Acabou. Saímos do recinto, em silêncio. Do lado de fora, a primeira coisa que fiz foi olhar minha mãe e minha amiga maionese, e SORRI:

– Que lindo, não?! – Animada pela beleza da cerimônia.

Elas me olharam de volta, com semblante sério e indignado. Minha amiga maionese disse:

– Cris, pelo amor de Deus! Ponha para fora! Você precisa chorar! – Deixando cair as lágrimas de quem se lembrava da morte recente do pai.

– Chorar por quê? Ele se foi do jeito certo! Teve a vida que lhe ensinaram a ter. Fez o que disseram que era para fazer. Morreu velhinho, de cabelos brancos, e rápido! Ele morreu do jeito certo! Se eu chorar por isso, o que vai ser de mim se eu tiver que enterrar um filho?! – respondi, impressionada com a franqueza de meus sentimentos. Eu amava meu sogro, mas não tinha lágrimas naquele momento, nem meu marido chorou a morte do pai, parecendo sentir a mesma coisa. Eu lembrava da frase que escrevera após ler o livro:

"HÁ UM LUGAR ACIMA DA TEMPESTADE, ABAIXO DAS ONDAS DO MAR, BEM DENTRO DE MIM, ONDE EXISTE PAZ".

E era lá que eu estava. Em paz. Acima da turbulência. Abaixo das ondas revoltas. Dentro de mim, debaixo da dor, no AGORA, ouvindo o silêncio que as notas musicais deixaram ao se dissiparem.

À noite, ao me deitar na cama, chorei, pensando no tanto de tempo que eu passaria sem vê-lo e na saudade que sentiria. Nosso velhinho faria muita falta.

Quando retiramos as cinzas, meu marido não quis comprar uma urna. Logo atenderíamos ao seu pedido, despejando-as no jardim da vila onde nasceu, cresceu e viveu seus anos de casado. Mas como minha cunhada trabalhava muito e aos fins de semana também, as cinzas passaram algum tempo no móvel da sala da minha sogra, à espera da família reunida. Uma tarde, no café de domingo, a mesa posta, como na casa das avós. Meu marido passou pelo móvel, pegou o saco transparente com suas cinzas, colocou-o sobre a mesa, sentou-se na cadeira e disse:

– Olhem quem veio para o café! Seu Chico! – sorrindo, brincando, batendo a mão no saco como quem saúda um velho amigo. Desprendimento acima do que eu poderia esperar dele. Sábia atitude. Não tinha nada dele ali, de qualquer forma.

Ainda assim, chegou o dia do ritual. Saímos todos juntos até o jardim, numa bela tarde de verão. Meu marido abriu o saco e começou a despejar um pouco em cada árvore que ele ajudara a plantar. Silêncio. Introspecção. Há de se aprender muito vendo uma cena dessas. O tempo é precioso. A vida é tempo. O tempo é AGORA.

De volta ao meu pequeno inverno, dei a notícia da necessidade da cirurgia do Theo, e foi difícil acreditarem. A família estava de volta ao olho do furacão.

Filho,

Meu coração está esmagado, às vezes o amor nos prega peças e faz doer. Enquanto tenho que lidar, de maneira egoísta, com este aperto no peito e na garganta, penso em você, sobrevivendo a cada instante com uma limitação importante. A vida chega a cada célula do seu corpo tendo apenas dois milímetros para fluir. Dois milímetros. A maior artéria do corpo humano, a que possui maior responsabilidade, e você quase não a possui. Dois milímetros hoje fazem a diferença para você estar vivo! Você renasce a cada instante. Enquanto você sobrevive a cada segundo, e só por um segundo, eu sofro pelo que já passamos, sofro pelo medo do que teremos que enfrentar, sofro pelo medo de perder você, sofro, pois minha fé ainda é fraca. Não, filho. O amor não faz doer. O que dói é o tempo que acreditamos existir, que traz o medo, que faz doer. Se nem passado nem futuro existem, o que existe são os dois milímetros que você tem agora, que te mantém vivo, que nos mantém juntos. É incrível como Deus sempre está em cada aperto, obrigando-nos a encontrar uma saída, como faz seu coração, tão forte e pequenino, tão sábio e soberano, que tem tanto a me ensinar, a cada segundo.

(Uma pequena observação, a aorta tinha apenas um milímetro de luz, verificado no momento da cirurgia. *Um milímetro.*)

Por sorte, ele era mais velho e maior que o Victor quando operou. Além disso, não tinha mais a comunicação entre os ventrículos, de forma que o acesso seria feito pela lateral, abaixo do braço esquerdo, e não pelo peito, facilitando sua recuperação. Sua cirurgia seria bem mais simples, garantiu-me o mesmo médico, surpreso e solidário ao me ver sentada em seu consultório para operar o segundo filho. Somente então tive dimensão da grandeza da cirurgia do Victor, e do risco que ele correra. Marcamos a cirurgia, no mesmo mês que a cirurgia do Victor, um ano depois. Mas, dessa vez, o cenário estava bem diferente. Neste ano, no meio da tempestade, o milagre aconteceu.

"Deus está na chuva."

— Não posso continuar. Vou precisar de tempo para cuidar dos bebês. Não quero ficar muito tempo no trânsito e, acima de tudo, vou precisar de tempo para lutar pelos meus sonhos! Não quero uma vida medíocre para nós. Eles serão meus motivos para lutar. Não posso continuar – falei, demitindo-me pela terceira vez na vida.

Minha gerente foi uma grande inspiração. Competência, humanidade, caráter. Ela tornou minha decisão ainda mais difícil. Não só por abrir mão do meu "emprego dos sonhos", não só por abandonar meu segundo grupo de idosas, alunas queridíssimas, mas também por deixar de ter aquela líder exemplar ao meu lado.

Era especialmente difícil, pois não sabia o que iria fazer. Não sabia por onde começar. Apenas o ímpeto de lutar por um futuro melhor, de construir algo grande, de fazer algo de bom da minha vida. A única coisa em mente: eu *queria estruturar meu método*. Depois de tantas mudanças, depois de *acordar*, havia descoberto o essencial: BENEFICIAR O MAIOR NÚMERO DE PESSOAS.

Tudo estava mais claro. A trajetória de uma vida, o talento pessoal, aquela história de que *fazer bem-feito o que se gosta é garantia de sucesso, e o dinheiro é uma consequência*. Não, não. A minha conta bancária era prova de que havia algo de errado nessa história! O que faltava está descrito até na Bíblia: *O que semeia pouco, pouco também ceifará; e o que semeia em abundância, em abundância ceifará* (Coríntios 9:6). Eu valia e era paga pelo tanto de pessoas que ajudava. Eram bem poucas, a propósito. Ótimas pessoas, muito queridas, mas poucas. Acho que eu ganhava bem demais. A natureza de minha insatisfação nem era financeira, afinal. Era essa. Era o fato de ter que me olhar no espelho e perceber que todo o fruto de uma vida, de uma trajetória, dos meus passos até ali, beneficiava a média de nove alunas que frequentavam minhas aulas. Não poderia ser só isso. Eu nasci para fazer isso! Quando alguém faz o que nasceu para fazer, não é possível que seja para fazer tão pouco. Foi a primeira vez que tive dimensão do Planeta Terra. Da raça humana. *Escolha, Cris. Pegue um país*. Escolhi o Brasil, para começar. Minha pátria amada. A rica terra de eternos colonizadores. Faça pelos idosos brasileiros. Um milhão deles! Como? Como? Não sei. Mas o primeiro passo, seria me demitir. Não daria tempo de cuidar de dois bebês, um pequeno garotinho, a casa e bolar um jeito de salvar os velhinhos brasileiros, se eu tivesse que ficar três horas por dia no trânsito e dedicar quatro horas diárias num emprego. Foi assim que cheguei ao momento da despedida. Entre lágrimas, minhas, das alunas, da gerente, palavras desorganizadas tentavam explicar o que era difícil de entender, até para mim.

Usei um vídeo com dizeres motivacionais e cenas de pássaros voando. "Nunca deixe de voar", era a mensagem principal do vídeo. Era isso que eu queria! Voar! Voar! O mais alto que pudesse. Desejos de boa sorte, e adeus.

Na mesma semana, recebi um e-mail do meu antigo gestor, da primeira academia. Gostaria de saber se eu poderia marcar uma reunião para conversar.

Estranha coincidência. *O que será que ele quer?* Enquanto eu tentava prever as possibilidades, outra gestora de lá me telefonou:

– Cris, você ainda está trabalhando lá?

– Não. Pedi demissão, minha despedida foi esta semana, inclusive.

– Então volta! Cris, você precisa voltar!!! – anunciou a seco a razão dos contatos, minha entusiasta contemporânea de empresa.

Não acreditava nos meus ouvidos! A conversa seguiu com algumas perguntas minhas, e, pelo pouco que ela compartilhou, minha turma estava insatisfeita com as professoras, já tinham trocado duas vezes, mas as reclamações sempre chegavam: "A Cris era diferente...", "A Cris fazia isso e aquilo...", "Com a Cris, isso não acontecia...", "Cris", "Cris". Em uma reunião, acharam que o melhor a fazer era verificar se eu não gostaria de voltar. Pediram autorização para o chefe, que concordou prontamente. *Voilà!* Anunciei que havia me demitido para ter mais tempo, mais liberdade para cuidar dos meus filhos e desenvolver meu projeto, a construção do meu método. Não poderia aceitar uma proposta para ter mais do mesmo, teria que pensar em uma situação favorável, que conciliasse tudo. Ela disse para eu pensar, e enviar minha proposta por escrito.

Estava de volta à tela do computador, com meus dedos sobre os teclados, parecendo a dona da história, mas ciente de que as coincidências vinham por Força Maior. Não era por acaso. O que eu pusesse no papel, medidas razoáveis e justas, com certeza, seria aceito. Eu estava começando a descobrir onde ficava minha intuição, meu ponto de conexão. Na ponta do nariz. Sinto o cheiro de novos ventos. Um arrepio no nariz que desce para as bochechas. Pedi um valor justo e uma jornada de trabalho de seis horas semanais em duas manhãs por semana. Aceitaram. Lá estava eu, na sala do Dinossauro do departamento de Recursos Humanos, assinando a papelada admissional. Com três filhos, desta vez. Produção rápida!

Que alegria senti ao voltar! Era como estar em casa. Sempre considerei minha segunda casa, lugar onde consegui quase tudo que tinha, meu apartamento, meu carro, meu marido, meus filhos, meu sobrenome. Fizeram surpresa, de forma que as alunas souberam do meu retorno quando cheguei para a primeira aula. Um dos momentos mais preciosos da minha trajetória profissional. Um momento ímpar, tão raro de se viver no mundo dos empregos. Sentia gratidão pela acolhida que a empresa me proporcionou, e pelo carinho cativado no coração daquelas pessoas presentes, incluindo a gestora entusiasta que assistia à cena com lágrimas fáceis nos olhos esverdeados. Era um privilégio. Um imenso privilégio.

Três meses depois, entrei na sala da gerente de RH da unidade, procurando por alguém. Ela me perguntou se eu havia me inscrito no concurso de conhecimentos da empresa. Não sabia do que se tratava.

– É muito legal! Vai ter uma prova de múltipla escolha neste domingo, e quem tiver o primeiro lugar entre os professores irá ao encontro de gestores, concorrer a uma viagem a Paris!!! – disse, entusiasmada.

– O que vai cair na prova?

– São perguntas técnicas sobre a área de Educação Física, sobre processos e produtos da empresa e atualidades.

– Legal! Faz tempo que não faço uma prova. Hoje já é sexta, nem vai dar tempo de estudar, mas vou me inscrever sim. Ver como estou.

– Ótimo! Vou inscrever você. Toma, leve isso, imprimi do site da academia. Estude pelo menos isso. Tem mais material no site e na intranet, se quiser consultar. A gente se vê domingo! – falou entregando-me uma meia dúzia de sulfites impressas com especificações de aulas e unidades.

Em meio à rotina pesada com as crianças e com a casa, li aquele material num pedaço da sexta-feira e outro do sábado. Entrei no site, li mais algumas coisas e na intranet. Nossa! Quanta coisa havia naquela intranet! Texto para ler durante meses. Era impossível. Procurei ser seletiva e fazer a tal leitura dinâmica, sem êxito. Muita coisa sem importância, inclusive, mas muito material bom. Que inteligente esse concurso! Uma maneira de motivar os colaboradores a conhecer os produtos e procedimentos da empresa, e ler aquela verdadeira biblioteca. O concurso já estava na terceira edição anual, mas era a primeira vez para mim, pois havia passado os últimos três anos na outra academia. Muita coisa mudou enquanto estive fora. O resultado da prova levaria mais um mês para ser anunciado, com os nomes das três pessoas que obtiveram o primeiro lugar entre os professores, entre os gestores e entre os funcionários administrativos, formando o trio que iria disputar a segunda fase no encontro de gestores, representando sua unidade.

Segunda-feira. Saí do consultório do cirurgião. A cirurgia do Theo estava marcada para o dia nove de abril de 2010.

Terça-feira. Toca o telefone.

– Alô?

– Criiiiiiiissssssss!!!! – grita a gestora de marketing da unidade. – Você ficou em primeiro lugar na prova!!! Você vai para o encontro de gestores!!! – continuou.

– O quê?! Não é possível! – impressionada com o ocorrido, uma ganhadora de prêmios fora de forma. – Que dia vai ser?

– Dia dezoito de abril!

– Ok. Vai ser ótimo. Vou precisar de um lugar para colocar minha mente até esse dia. Obrigada!

Entendi. Meu nariz me dizia que era minha porta de emergência. Por coincidência, no dia seguinte do anúncio da data da cirurgia. A porta de emergência que eu havia pedido, horas atrás. Um lugar para colocar minha mente. Um lugar para estar a salvo de pensamentos inoportunos, do medo e do tempo mentiroso do amanhã. Uma coisa real para me livrar da ilusão, e poder enfrentar a dor somente, tão somente, quando ela chegasse. Eu iria ganhar o concurso. Iria pensar só nisso, estudar e estudar, ganhar o concurso só por ele. Para poder mostrar que *se pode vencer, mesmo na pior circunstância de uma vida.* Queria este legado, um legado de exemplos, provar que se pode viver coisas boas em meio à tempestade. Que se pode ter um agora feliz, durante a dor. Que se pode escolher o foco, o foco da lente, da fotografia, do que se vai registrar daquilo que se apresenta, com, sem ou apesar da nossa vontade. Eu vou ganhar!

Levantei o material, imprimi dezenas e dezenas de páginas, quase tudo que considerava relevante na intranet, com exceção de textos muito desatualizados ou repetitivos. Peguei um caderno para fazer meus resumos. Todo tempo que tinha, ainda que rodeada por bagunça e barulho, lia. Tinha a consciência de que precisaria ter a atitude de um atleta em busca da medalha de ouro: nunca está bom. Nunca estou preparada o bastante. Nunca sei o bastante, me colocando em uma rotina de ler mais e mais, as mesmas coisas, inclusive.

Meus dois colegas eram o assistente de tecnologia da informação e a gestora de RH, aquela que me inscrevera, de forma que nosso trio era composto apenas por uma pessoa formada em Educação Física, eu. Na maioria dos trios, havia sempre dois, um professor e um gestor de musculação, ginástica ou esportes. Eu sentia toda a responsabilidade das perguntas técnicas, que eram a maioria.

O dia da internação do Theo. Minhas roupas para, pelo menos, cinco dias de UTI, e meus textos. Uma pilha de textos.

Fiquei com ele o tempo todo. Quando ele entrou na sala da cirurgia, aquele terror de novo, estava hipnotizada pelos meus passos no corredor. Direita, esquerda, direita, esquerda, *tumtum*, *tumtum*, massageava o osso esterno meu coração adrenado. Quando a porta se fechou, fomos tomar um chocolate na cafeteria do hospital. Hum... aqueles sonhos... bem recheados! Mordia devagar enquanto mantinha meus olhos nas páginas e os ouvidos desconectados dos murmúrios tensos do meu marido, pai, mãe e irmã, que estavam em algum lugar entre o ano passado e o momento de recebê-lo sofrido, em algumas horas. Ela não pôde acompanhar desta vez, pois presenciou momentos difíceis da cirurgia do Victor, momentos de decisão do médico enquanto seu peito aberto e circulação extracorpórea assistiram aos minutos cronometrados se esvaindo junto com sua expectativa de sobrevivência, num corpo frio. O médico não quis que ela visse desta vez. *Concentre-se. Concentre-se*, absorvendo a informação e saboreando o creme de baunilha.

A cirurgia tinha sido bem mais curta. Quando percebi, recebemos a ligação de que ele estaria subindo, desintubado, ótima notícia. Abracei (por mais um filho) o doutor, que estava bem mais satisfeito com o resultado do que com o do Victor.

Fiquei ao seu lado na primeira noite, e, quando acordou, estava sedento. Os lábios grudados e partidos revelavam a profundidade de sua sede. Tivemos que esperar o momento da autorização médica para dar-lhe o que beber. Foi o único momento que o vi sofrer, e a dor acabou assim que ele sentiu o suco de laranja findar seu suplício. Recuperou-se como por um milagre. Sem choros, sem reclamações. Em quatro dias, deixamos o hospital. Cinco dias depois, estava a caminho do Guarujá, deixando-o aos cuidados do pai e da minha mãe.

Um hotel muito mais luxuoso do que imaginei, em pleno litoral paulista. Requinte em cada detalhe, no banheiro, no chuveiro, na cama, nos lençóis, nas toalhas, na piscina, no restaurante, no serviço de praia. "Já é um prêmio estar aqui", disse meu companheiro de trio, satisfeito. Para mim não. Eu estava lá para vencer o concurso.

A segunda fase era a mais emocionante. Àquela altura já estava preparada para enfrentar o cocriador do concurso, o gerente de marketing corporativo da rede. Soube que ele era um sádico criativo, um Tubarão, adorava ver os competidores se esgoelarem para responder às perguntas nas situações de alta tensão que ele criava. Já não bastavam o palco, a plateia com suas torcidas organizadas, as melhores cabeças da rede nacional assistindo aos seus erros e acertos. As perguntas no telão com o cronômetro acionado esperando pelas respostas. Uma situação estressante, em si. Ainda tinha que ter o melodrama. *Argh*!

A noite da competição, doze trios concorrendo ao prêmio ilustrado no cenário do palco, a Torre Eiffel, majestosa à luz da lua cheia. Para mim, era um legado que eu estava buscando. Uma lição de vida. Ainda assim, Paris complementava lindamente meu prêmio.

Quatro rodadas de três trios, deixando quatro trios semifinalistas para a noite seguinte. Entramos na primeira rodada. Fiquei no centro do trio, e seguramos nossas mãos por instinto. Todos nós tínhamos motivos fortes para vencer.

A firmeza com que eu anunciava a alternativa escolhida fazia o Tubarão erguer as sobrancelhas, olhando em seu papel:

– Certa resposta!

E de novo. E de novo. E de novo. De forma que vencemos invictos a rodada.

Na noite da decisão, dois trios se enfrentaram em duas rodadas, deixando os finalistas. Erramos uma pergunta sobre atualidades e eu errei uma pergunta técnica, mas ganhamos mesmo assim.

A final foi disputada entre nós e a mais antiga das unidades da rede. Era dividida em duas etapas. A primeira, verdadeiro ou falso. Cada trio receberia uma placa, e deveria mostrar o lado da resposta escolhida. Porém (lá vem o ataque do Tubarão...), teríamos que escolher a ordem do revezamento, pois subiria ao palco um de cada vez para responder sozinho. Meus colegas estavam muito bem preparados também, de forma que erramos algumas perguntas, mas vencemos a etapa.

Na segunda, tivemos que enfrentar a roda do Tubarão! Seu trunfo na arte de criar adrenalina. Dois telões, um de cada lado, projetaram a imagem de uma roda, com letras de A a Z. Vinte e três perguntas referentes à letra, por exemplo, a resposta contém A ou começa com A, e fazia a pergunta. Porém (o ataque de novo), teríamos que nos revezar, poderíamos escolher o primeiro a responder, mas, se ele errasse ou se passasse a pergunta, entraria o segundo, e depois o terceiro, e assim por diante. O trio vencedor seria o que tivesse menos erros. Além de tudo, tinha um cronômetro bomba marcando o tempo em contagem regressiva, no centro da roda. Fui a primeira a responder. Como ganhamos a primeira rodada, tivemos a vantagem de eliminar três letras à escolha. Meu colega escolheu bem, eliminando as vogais A, E, O. Havia mais possibilidades de resposta com estas vogais.

Começou. Pergunta, resposta. Pergunta, resposta. B, C, D, F, G, H, I, todas certas!

No J, fiquei em dúvida entre duas respostas. Passei, dando a vez ao trio adversário.

A roda deles começou do A. Erraram. A vez voltou para meu colega. Só que quando a vez voltava, soltavam o tempo novamente, e a pessoa seguinte teria que responder (de novo) todas as letras acertadas anteriormente, e caso errasse, era anulado o acerto e computado o erro. Tubarão feroz! Ele respondeu rapidamente as letras que eu tinha acertado, sem errar nenhuma, e respondeu o J, corretamente. Continuou, L, e passou o M. Deu a vez à segunda pessoa do trio adversário, que acertou a B e passou a C. A vez da gerente de RH. Repetiu, sem errar, todas as letras, mas errou a M. A vez do terceiro integrante adversário. Repetiu a B, respondeu a C, passou a D. Minha vez. Respondi as letras N, P, Q, R, S, T, U, V, X, com a velocidade de quem está lendo as respostas, todas corretas. Parei na pergunta Z, a última. Tinha a metade do tempo, mais de dois minutos. Resolvi pensar. Tinha que passar o catálogo de aulas estudadas para verificar se não havia outra além da resposta em minha mente. Baixei a cabeça, apoiada no púlpito, concentrando-me. A plateia começou um burburinho bem audível.

– Silêncio, por favor! – comandou o Tubarão.

Ao final de quase todo meu tempo, exclamei a resposta.

– Certa resposta! – anunciou, deixando-nos com apenas um erro.

Voltei-me para a plateia para descer do palco, e vi minha colega, a gerente de RH, chorando de emoção, com um brilho de gratidão e alegria em seus olhos. Foi a cena mais linda daquela noite.

Para nós havia terminado. Tínhamos que esperar o resultado da roda deles, que já continha um erro, e estavam na letra D. O primeiro integrante voltou à roda. Eles tinham a missão de responder, corretamente, as outras vinte perguntas dentro do tempo sem errar nenhuma, para estabelecer um desempate. Praticamente impossível. Para mim, era só ouvir o anúncio da vitória, pelo qual resolvi esperar de joelhos, em forma de gratidão, esvaída das forças que me mantiveram focada até aquele momento. Vieram me perguntar se eu me sentia bem. Com um aceno de cabeça, ainda de olhos fechados, assenti. Ouvi a pergunta da letra D. Sabia a resposta. A próxima coisa que ouvi foi o som daquele experiente gestor ditando a resposta errada. Debrucei sobre meus joelhos no chão. Vencemos! A plateia em silêncio. Ninguém estava acompanhando propriamente aquela confusa estratégia do Tubarão, que anunciou:

– Resposta errada. Anália Franco, Paris!

Gritos de alegria representaram um elixir para a mãe que ouvira apenas gritos de horror no último ano. A tão almejada vitória chegou sublime, majestosa, marcando meus passos por aquele salão.

A frustração do Tubarão ficou impressa em seu rosto, pensando que a sua roda fosse causar muito mais problemas. A maneira admirada que me olhou ao me cumprimentar foi um prêmio à parte. Uma unidade inteira comemorando, enquanto as outras se retiraram do salão sem imaginar a história que havia trazido aquele troféu em minhas mãos.

Aproveitamos Paris conforme merecido. Que lugar encantador é este planeta. Fiz um álbum e incluí a tão sonhada dedicatória: *Para Theo.*

Beneficiar o maior número de pessoas. Um milhão de idosos no Brasil.

De volta ao lar, comecei a estruturar o método. Convidei a Fada Madrinha para expor a ideia. Ela amou o projeto. Em suas palavras:

– Este é o projeto de nossas vidas!

Não se pode esquecer palavras assim. No entanto, tudo era um grande rascunho, uma boa teoria. Havia muito a ser escrito, pesquisado, pensado. Coisas que iam além de minhas habilidades e conhecimento, questões jurídicas, legais, tributárias, financeiras, contábeis. Valores, lucro, modelo de negócio, software. Investimento que eu nem poderia calcular. Dinheiro não era problema, já que eu não tinha nenhum... Nem uma poupança, nem um dinheiro de previdência que eu pudesse pegar emprestado da velhinha Cristiane. Nada! Também, não devia nada, nome limpo, crédito na praça, o que não era animador.

Já tinha onze anos de formada, afinal, e nada tinha disponível. Prova de toda minha falta de educação financeira. Foi em um momento assim que dois mentores entraram na minha vida. Àquela altura, já havia aprendido uma importante lição. Aprender com aqueles que têm ou fazem algo que você quer. Ouvi-los era um privilégio, seguir seus conselhos era uma sábia atitude. Adotei-os como mentores em setores diferentes da vida. Queria compartilhar um pouco da história deles.

O Mentor Águia, um aluno de *personal* que eu deixei quando me mudei de academia. Ele soube que eu havia voltado e me procurou para retomar as aulas. Um aluno muito querido. Sessenta e dois anos de vida, dono de uma indústria de metais, cujos produtos eram de primeira qualidade. Os melhores do mercado, na minha opinião. Começou sua vida fazendo bicos. Fugiu com a mulher que amava pois a família não apoiava o relacionamento, casou-se e teve cinco filhos com ela. Na gravidez do terceiro filho, foi procurar um emprego regular para ter direito ao parto pelo INPS. Foi falar com o empregador. Pediu seu salário. O empregador achou muito.

– Vamos fazer o seguinte, eu trabalho para o senhor duas semanas. Se o senhor gostar do meu trabalho, pagará o que lhe pedi. Se o senhor não gostar, eu vou embora e não precisa me pagar nada – negociou, sabendo do seu valor e força de trabalho.

Após as duas semanas, estava contratado, ganhando o que pedira. Ficou nessa indústria trabalhando como encarregado, cumprindo a jornada de trabalho e fazendo mais dois bicos: cortava ônibus e caminhão aos fins de semana para vender as partes ao ferro velho e dirigia um táxi à noite. Entregava o dinheiro do salário envelopado nas mãos da esposa, que pagava as contas de casa, e guardava o dinheiro que ganhava dos outros serviços. Com esse dinheiro, deu entrada em seu próprio torno (usado), e terminou de pagá-lo em mais três altas prestações. Pediu demissão. Começou a fazer torneiras e outras peças exclusivas que inventava, solucionando diversos problemas do segmento. Trabalhava sozinho, em um banheiro desmontado de um amigo, desde cinco horas da manhã até onze horas da noite, todos os dias, inclusive fins de semana e feriados, para atender prontamente à demanda cada vez maior. Foi assim que começou sua indústria. Hoje, famílias vivem dela. Ele encontrou uma posição de respeito no seu mercado com excelentes produtos, uma administração exemplar e pessoas que o adoram e reconhecem seu valor. Ajuda seus funcionários, que lhe têm profunda gratidão e fidelidade. Nunca para de pensar em crescer e buscar novos SONHOS.

O Mentor Leão, um aluno novo de *personal,* cujo filho me procurou para trabalhar seu condicionamento físico, já que sofrera uma cirurgia cardíaca e estava viúvo fazia poucos anos, ainda perdido com sua nova vida. Setenta anos que não aparentava. Comerciante, com quarenta e quatro anos no ramo de atividade. Nascido no interior de São Paulo, o caçula de uma família grande, teve uma infância difícil. Seu primeiro emprego foi aos catorze anos e, desde então, sempre trabalhou no comércio. Uma trajetória repleta de desafios e dificuldades, que foram superadas com perseverança, criatividade e muito trabalho. Montou seu próprio comércio em São Paulo, mas não tinha dinheiro nem para as prateleiras. De uma peça fez duas, fez quatro, fez oito. Ampliou seu comércio. Aprendeu a diversificar seus investimentos. Hoje é um homem bem-sucedido em seus negócios. Atribui seu crescimento a uma grande inteligência financeira, com algumas regras simples:

gastar menos do que ganha, investir a diferença, não desperdiçar, evitar comprar a prazo, nunca comprar nada que não seja realmente necessário, o que é cartão de crédito?

Sempre que enfrento alguma dificuldade, ele me diz uma frase que gosto muito: "Enquanto os cães ladram, a caravana passa!".

Ambos tiveram pontos em comum em suas trajetórias: vieram do nada, construíram tudo o que têm com suas próprias mãos e habilidades, trabalharam muito, sem limites, correram riscos, enfrentaram grandes dificuldades e muita dor, e ajudaram muita gente. São queridos pelas pessoas à sua volta. Suas histórias são ricas de detalhes imperdíveis, que um dia eu desejo ver em um livro. Qualquer pessoa de sucesso tem uma história parecida. Não conheço ninguém rico e feliz seguindo o plano: tenha boas notas, consiga um bom emprego, comporte-se bem e se aposente quando chegar a hora. Esse era o plano que eu estava seguindo, desavisadamente.

Pessoas entram na sua vida por uma porta, profissional neste caso, e não se pode imaginar a sua importância. Ainda sem coragem de dividir com eles meu projeto cru, comecei a usar minha inteligência, pela primeira vez, a meu favor. Idealizei a certificação do método, seus fundamentos ideológicos, princípios, objetivos, conteúdo, estratégias, formas de avaliação, diferenciais, diretrizes técnicas e pedagógicas. Depois, pensei no modelo de negócio desejado. Depois, rascunhei uma perspectiva de retorno, gostando muito de todo o resultado. Só tinha um probleminha. Era tudo teoria. Nunca havia testado se aqueles procedimentos pedagógicos funcionariam no modelo que eu estava propondo. Um professor para até cem alunos. Essa relação é até comum de se ver por aí, nos projetos sociais Brasil afora, mas, da maneira individualizada, segura e eficaz como eu estava estruturando, era absolutamente inédito. Tanto é que nenhum aluno meu da pós-graduação "botava fé", pessoas com quem compartilhei as primeiras ideias, antes que elas se tornassem um método. Tive três fontes de inspiração nesse processo. A primeira, os produtos *fitness* que eu tanto julgava e criticava, decidi parar de criticar e prestar atenção no que havia de bom. Tinha que haver alguma coisa boa, ou seus criadores não estariam milionários. Não era nada daquilo que eu queria para mim, para minha vida, dinheiro daquele jeito, fruto de um trabalho que eu não acreditava, que não me tocava. Mas eu poderia aprender alguma coisa. A segunda, os militares. Incrível como eles conseguiam fazer com que milhares de soldados de toda uma nação respondessem, de forma indefectível, a tantos estímulos diferentes. Porém, regras rígidas, autoridade em vez de liderança, apego por detalhes irrelevantes, brutalidade, punições, respostas automatizadas. Eu achava isso absurdo! Um atestado da imbecilidade humana. Vista de forma diferente, afinal, uma visão que incluiu sua disciplina, ordem, comunicação clara, objetividade. A terceira inspiração foi a forma com que as pessoas eram treinadas pela empresa de bem-estar que eu havia conhecido a fundo, e que tinha ganhado minha sincera e definitiva apreciação. Milhares de pessoas, em mais de setenta países, tocadas pela mesma missão, apaixonadas, fazendo a mesma coisa e até explicando os temas de forma semelhante. Duplicação, multiplicação. Mais um paradigma quebrado na minha mente cheia de abobrinhas de um mundo de opiniões, aparências e pouco resultado. Livrar-me desta mente foi a parte mais difícil, na verdade.

Eu precisava, antes de mais nada, testar aquilo. Tinha certeza que daria certo! Com uma ou outra correção, talvez, mas daria certo. Era como construir um teorema matemático. Onde? Onde? Como? Quem? Não sei quanto tempo me perguntei isso, até que recebi o telefonema do Menino Verde.

– Cris, vamos reapresentar o projeto na Secretaria do Estado, desta vez, pela Lei de Incentivo ao Esporte. Vamos retomar e rever a proposta? – disse, como se tivesse passado uma semana da nossa última conversa.

Na reunião, os assuntos em dia. Ele teve mais uma filha, e eu mais dois. Ele não imaginava que além dos dois filhos, eu estava gerando mais um, meu método, que precisava exatamente de alguns velhinhos para se consolidar. Tinha meus números na cabeça.

– Gostaria de propor uma mudança em relação ao esquema do projeto que desenhamos. Em vez de ser apenas a supervisora técnica, quero ser também a professora. Estruturei meu método desde a última vez que nos vimos, e preciso testá-lo. O método propõe que uma pessoa consiga dar aula sozinha para um grupo grande. Eu tenho disponibilidade às segundas e quartas de manhã, podemos atender a dois endereços, duas turmas – propus.

– Vamos incluir um professor auxiliar? – sugeriu.

– Não. Não é necessário. Se eu tiver mais alguém, não saberei se ainda daria certo se eu estivesse sozinha.

– Cris... tem certeza? Acho melhor. Vai facilitar as coisas! – insistiu.

– Ok. Um professor auxiliar, então.

– Quantas pessoas vamos atender?

– Duzentas.

– Como? – olhou-me intrigado. – Duas turmas, são cem alunos por turma!

– Isso mesmo. Duzentas.

E ele digitou. Alguma coisa fez com que ele nem questionasse mais. Digitou. Enviou. Pronto.

A próxima vez que ele ligou foi para dizer que o projeto havia sido aprovado. Em pouco tempo, eu tinha a turma de que tanto precisava.

Muito trabalho pela frente. Para minha professora auxiliar, selecionei a garota de olhos alegres que sempre pedia para assistir às minhas aulas na academia quando tinha uma oportunidade. Moranguinho. Ficou impressionada com a proposta. Naquele convite, dei o tom da grandiosidade do método, do negócio e da perspectiva de futuro que o projeto tinha, segundo minha própria visão, o que a deixou maravilhada. Abriu mão dos seus compromissos naqueles horários e passou a ser meu perfeito braço direito, minha amiga e minha protetora. Uma excelente parceira de trabalho e a melhor pessoa que eu poderia ter ao meu lado. Pura de coração e capaz de sentir entusiasmo pelos outros, sem o menor traço de inveja, qualidade de que eu gostava especialmente.

O prêmio pelo trabalho bem-feito é o resultado. Depois das semanas iniciais de ensino, de adequação, fase prevista pelo cronograma do primeiro ano, a aula que sempre sonhei ser possível. Funciona! Funciona! Ao final do período, os testes coletados mostraram o êxito do trabalho. Melhora significativa em todas as variáveis estudadas. Mais de duzentos e vinte idosos atendidos, vidas que foram tocadas positivamente pelo que eu vim fazer AQUI! Nosso valor reconhecido das mais lindas formas. O carinho deles em troca, a energia, a gratidão. Detalhes que podem ficar para os próximos capítulos.

O método precisava ser batizado. Não gostava de nenhum nome que pensava, ou que sugeriam. Um dia, o Mentor Águia contou a história desse incrível animal. Por isso o chamava de Águia. Ele era fã de águias. Mesmo que a história fosse apenas uma lenda, talvez, bastou para que eu ligasse os fatos, as semelhanças. A águia é um animal preciso e perseverante, um dos que possuem maior longevidade, vive aproximadamente setenta anos. Quando percebe que está perto da morte, voa o mais alto que pode, para encontrar um pico isolado, e lá fica até o seu fim. Na metade de sua vida, por volta dos trinta e cinco anos, tem de escolher entre iniciar um processo longo e doloroso de renovação, ou se sujeitar a passar o resto da vida se arrastando como um animal qualquer, alimentando-se dos restos deixados no chão, vivendo à mercê da própria sombra. Para que possa seguir a vida com a mesma qualidade de sempre, precisa arrancar, com as próprias garras, suas penas, depois suas garras, uma a uma, e depois quebrar seu bico com fortes pancadas numa pedra. Tudo vai se renovar, e ela poderá seguir a vida num corpo capaz, apto e saudável. É um processo solitário e doloroso, mas o instinto vence o medo.

Na vida real, bem longe dos contos e das lendas, no meio do conjunto de explicações que a ciência provém, o homem passa por um processo de degradação de seus tecidos muito semelhante. Antes mesmo da metade de sua vida, por volta dos trinta anos, inicia um processo de declínio fisiológico que acomete músculos, neurônios, ossos, artérias, ligamentos, cartilagens. O declínio é suave, as "caçadas" vão ficando mais caseiras, pouco se percebe a mudança do corpo com os afazeres da vida profissional e familiar. Quando o ser humano acorda, normalmente já está amparado nas lembranças dos voos passados, enquanto arrasta um chinelo fácil de calçar. Talvez tenham deixado de ensinar a seus descendentes o preço e a recompensa de se renovar. E isso é possível. Por sorte, não temos penas, garras e nem um bico a arrebentar. Temos que nos movimentar com precisão e vigor, movimentos que alguns chamam de "remédio": o exercício. Exercício não apenas para os músculos, não apenas para os pulmões, mas para o todo de que vamos precisar par alçar voos cada vez mais altos, e morrer no pico máximo, ao final da longevidade permitida para a espécie, com toda a dignidade que merece ostentar esse sábio animal, o homem. O método não poderia ter nome melhor:

ÁGUIA – DESENVOLVENDO IDOSOS SAUDÁVEIS

Desejo construir as bases para uma nova geração de idosos no país, os Idosos Águia!

Para pensar em expandir tanto assim, precisava estruturar mais um subproduto, o software. Sem nenhum conhecimento específico, desenhei, tela por tela, o software, o site, todos os recursos que eu precisaria, em folhas de papel milimetrado. Cheguei a pegar um avião para Ribeirão Preto atrás de um parceiro que pudesse executar o projeto. A ansiedade de ver tudo estruturado e funcionando era grande. Sentia que não poderia caminhar sem isso. O Mentor Águia colocou-me em contato com um amigo pessoal, que fazia softwares para importantes clientes, e cedeu sua própria sala para conversarmos sobre o projeto. Apresentei os desenhos.

– É um projeto grande. Muito grande. Vai custar muito caro. Muito caro. Você tem ideia do quanto vai te custar só para armazenar estes dados na nuvem? – perguntou-me.

Nuvem... que nuvem? O que o céu tem a ver com isso, afinal? Esse era o grau de conhecimento que eu tinha em tecnologia. Ainda assim, meu desenho estava bem claro e completo, disseram todos os que o viram.

A reunião não foi muito animadora. Encerrou-se quando ele disse que sua área era bem diferente, industrial, mas que ele iria mostrar a um amigo, que talvez tivesse interesse.

Depois, a Fada Madrinha, engajada na proposta de fazer dar certo, apresentou-me um velho conhecido. Nessa reunião, que eu gostaria de ter encerrado no primeiro minuto de duração, ouvi a pérola:

– O sonho é seu! – referindo-se à opinião de que ninguém mais faria o que eu fazia, tabular dados, checar planos de aula, registrar ocorrências. De que valeria um software, afinal?

Ele também riu, riu bastante, e despediu-se dizendo que mandaria um orçamento, desejando-me boa sorte nos meus planos (lunáticos). Claro que nunca mandou um orçamento.

Nessas horas, era bom saber que os maiores gênios da história foram considerados loucos e lunáticos, e que ninguém acreditou neles, até que os fatos soterrassem as opiniões.

Persistente como deveria ser, o Mentor Águia marcou uma nova reunião, novamente em sua sala, com outro amigo da família. Este não demorou nada para perceber o negócio por trás do projeto. Suas reações físicas, seu jeito engraçado de pular na cadeira a cada comentário, motivavam-me a falar mais e mais. Ele poderia ser um parceiro nas ferramentas de análise da informação, num momento futuro, mas conhecia uma pessoa que adoraria saber do projeto. Pediu para apresentar a ele. Autorizei. Na sequência, conheci o homem que enxergou a coisa toda, o negócio, o projeto, a perspectiva, a MISSÃO. Ele tinha uma empresa com experiência, estrutura e equipe para desenvolver o projeto, e aceitou uma parceria de negócio sem investimentos iniciais. Ela ficava a cinco minutos da academia, no mesmo bairro. Era exatamente a pessoa que eu precisava para a parceria. Um rapaz novo, não tão novo no seu RG, segundo ele, com a sensibilidade necessária para emprestar a alma ao projeto. Em poucas horas de trabalho, me surpreendeu com o protótipo da plataforma web. Para mim, ele era o Jimmy Neutron.

Nesse mesmo período, criei o logotipo, registrei o conteúdo intelectual, abri o processo de registro da marca, criei o domínio de internet. Conversei com um advogado, amigo do meu pai, que me colocou a par de todos os riscos mortais que eu correria, um tipo de pacote do inferno diferente a cada modelo de negócio. Foi a primeira vez que engoli um café. E a última. *Argh*! Tive uma longa reunião com um contador experiente na casa da Fada Madrinha. Fui me cercando de informações cada vez mais técnicas, que foram se misturando e se confundindo em meus pensamentos de salvar o mundo. Minha vida era muito pacífica. Eu teria de abrir mão de muita coisa! Mas a garotinha estava de volta, e não me deixaria abandonar essa meta.

Elaborei o anteprojeto da tese de doutorado, estremecendo ao pensar no que a palavra "anteprojeto" significava na minha vida. Convicta de meu trabalho, com um número gigante de idosos envolvidos, com perspectiva e (futura) tecnologia para ter um dos maiores bancos de dados do Brasil (e talvez do mundo), era impossível não pensar em doutorado. Quem poderia desperdiçar isso? Eu queria, acima de tudo, ter um trabalho sério, fazer a ponte entre o conhecimento científico e a realidade da necessidade de saúde pública. Queria desempenhar meu papel e disseminar meu método com o respaldo da rigidez científica, ainda que, considerando a validade ecológica, não tão rígido assim. Como a Professora Doutora Famosa já estava aposentada, fui procurar uma amiga dela que estava trabalhando na USP Leste. Uma querida, lindas palavras na minha banca examinadora do mestrado. Tinha o espírito necessário para orientar um trabalho desse porte. No entanto, não havia o programa de doutorado na instituição, e nem havia uma perspectiva, pois ainda tinham que cumprir alguns pré-requisitos.

Fui procurar a Professora Atômica, que me orientou na premiada monografia da graduação. Ela me recebeu em sua nova sala na reformada Escola de Educação Física e Esporte da USP. Foi bom andar por aqueles corredores numa realidade tão diferente. Ela me ouviu, eu já estava craque em resumir o projeto, embora resumir algo tão grandioso faça com que cada frase seja de impacto e cause reações. Ela respondeu à minha narrativa com seus tradicionais "gramm", "gramm", a cervical inquieta, o cenho franzido e as inspirações forçadas. Que linda! Tinha vontade de apertar aquela mulher viva, que não envelhecera nada aos meus olhos. Ao final, a parada de costume. Ela respirou fundo, mais uma vez. Elogiou o trabalho, mas disse que precisaria pensar. Pensou em fazer uma orientação em equipe, ser uma co-orientadora, talvez.

– Você está conseguindo o que muitos sonharam! – concluiu, referindo-se ao fato do projeto vir do campo para a ciência, e não o contrário, de forma cabível. Não sei por que, mas amei essa frase, logo de cara.

Sua resposta foi "não", depois de pouco mais de uma semana, dizendo que talvez se aposentasse dentro de um ano, e não gostaria de empreender um projeto tão grande. Ela ficou de me indicar alguém, mas entendeu rápido que não poderia ser qualquer pessoa, muitos outros trabalhos viriam após o meu, o projeto poderia se tornar uma linha de pesquisa em si, muitos outros doutorados, mestrados, artigos. Esse seria um casamento para bodas de prata, no mínimo. Por isso, estou esperando a pessoa certa! Minha atitude com o universo agora, quando uma porta se fecha, eu agradeço. Com certeza, era a porta errada, e me deixou mais perto da certa. Como num labirinto, quem vê melhor é quem vê de cima, e eu peço para ser guiada, afinal. Será um lindo doutorado, um dia.

Meus mentores estiveram ao meu lado em cada episódio, dando-me coragem e ditando-me o futuro, muitas vezes.

– Se eu tivesse um bilhão para apostar em alguém, apostaria em você! – dizia o Mentor Águia.

– Milionária antes dos quarenta anos! Vou carregar sua pasta! – dizia o Mentor Leão.

Homens de sucesso como eles, homens que construíram suas vidas ao suor do próprio rosto, admiravam-me. Um conselho que era comum aos dois, e meu favorito, a propósito, era:

– Nunca deixe passar daqui! – o Mentor Águia colocava a mão na linha do pescoço, dando-me um limite, referindo-se à minha humildade.

Dizia o Mentor Leão, referindo-se ao tanto de coisas e situações erradas que eu poderia enfrentar ou presenciar:

– Seja sempre você mesma, não se deixe corromper.

No entanto, dentro de mim, havia a clareza de que a humildade não deixaria meu coração. Ao contrário, quanto mais eu galgava, mais ciente eu era do meu papel como instrumento. Quanto mais grandeza visualizava, mais grata e pequena eu ficava. Um grão de areia contemplando o oceano. Ele é todo meu, ainda assim, sou apenas um grão de areia. Estava pronta, afinal.

Já havia feito as pazes com o dinheiro, limpando da mente os conceitos que nortearam meu resultado financeiro por uma vida inteira. O dinheiro aumenta quem você é, não muda quem você é. Eu estava segura com o que era e com o que gostaria de fazer com ele. Sobre esse quesito, o Mentor Leão é um professor.

O primeiro ano do projeto encerrou com uma longa história para contar, minhas, dos idosos, dos parceiros, da equipe. A celebração oficial foi nossa formatura, em um espaço cedido pelo SESC mais próximo aos núcleos nos quais desenvolvemos o trabalho. Trabalhamos algumas horas estruturando a logística da cerimônia, de forma que todos os duzentos idosos recebessem seus certificados nominais e fossem chamados pelo nome, sem que precisássemos ficar lá uma tarde inteira. Assim que eu cheguei, todos os alunos já estavam aguardando na antessala, levados pelos ônibus contratados pelo projeto. Fui recebida como uma celebridade, com abraços e sorrisos, pessoas me puxando para tirar fotos, cercada de alunos queridos e seus familiares. Nossa estratégia funcionou perfeitamente! Em uma hora e meia, fizemos as homenagens, entregamos os certificados, tiramos as fotos, entregamos os prêmios, dançamos. Deixamos todos perplexos com nossa organização e logística. Encerramos com uma retrospectiva dos melhores momentos, que eu havia editado. Foi absolutamente emocionante!

Foi um dos melhores dias da minha vida.

Obrigada por acompanhar a história. É aqui que me encontro agora. Digo, nessa fase da vida, em respeito ao AGORA, em que estou sozinha, teclando em meu notebook assassino de cervicais sobre uma mesa de camping, que chacoalha a cada digitada!

No cenário da minha vida atual, a realidade é bem menos glamorosa. O Mentor Águia costuma dizer que isso está sendo necessário para que tudo tenha mais graça. Ele tem razão. Minha vida tem sido uma comédia, embora eu não dê risada, muitas vezes. Ao contrário. Tenho dias de desespero. Não tenho empregada, muito menos babá. Administro cerca de dez horas de trabalho todos os dias em meio à rotina familiar, literalmente: cuidar dos três filhos, dar-lhes o banho e o jantar na academia, deixá-los na sala do *Child Care* enquanto atendo aos meus alunos particulares, meus mentores, meus amigos, pessoas que confiam em mim a saúde física de sua velhice. Saímos de casa antes das sete, e chegamos juntos após as vinte e uma. Tomamos um leite, escovamos os dentes, colocamos os pijamas e vamos dormir. No fim de semana, eu lavo as camisas do meu marido no tanque, troco as roupas de cama, faço faxina, faço as trocas de roupa para a semana seguinte. Doze cuecas, doze trocas, de segunda à quinta. Carrego tudo no carro e trago de volta somente as sujas. Saio de casa com três malas de escola, três lancheiras, uma mochila para a academia, livros, o computador, minha bolsa, o jantar das crianças, uma mochila de trabalho contendo os cento e sessenta crachás dos dois núcleos de idosos do segundo ano do projeto. Os outros cento e sessenta ficam com a equipe da Moranguinho. Quando desembarco, em casa, parece que estou chegando de um acampamento! Isso quando eles não chegam dormindo. Divido as contas do orçamento familiar. Meu marido trabalha perto de onde eu trabalhava, e fica mais de três horas por dia no trânsito. Vai direto para casa, cansado, esgotado por carregar o peso de ser o "chefe" de uma família gigante.

Em meio a tudo isso, escrevi este livro em menos de sessenta dias, estou desenvolvendo o segundo ano do projeto, que atenderá a mais de trezentos idosos. Selecionei mais dois educadores, de forma que temos duas equipes em atuação, quatro pessoas incríveis. Estamos expandindo em progressão geométrica, por enquanto. Mas as ideias não param de chegar, e logo, no momento certo, entraremos no fluxo da multiplicação.

Eles dizem que eu sou um exemplo. Eu sou apenas uma mulher que teve uma trajetória parecida com a de muita gente, mas que não parou de procurar a solução para seus problemas. Toda minha rotina é baseada na busca de estratégias para otimizar TEMPO. Tempo. Essa palavra nem se quer tem uma definição clara. "Medida de duração dos fenômenos", diz o dicionário. Que sentido tem isso? Se eu levasse isso ao "pé da letra", então estaria vivendo para ganhar alguns minutos, encurtando a *duração dos fenômenos*. Talvez as pessoas que me cercam se preocupem comigo por pensarem assim. De que adianta, mesmo, fazer tudo mais rápido, fazer tudo com pressa, fazer mais e mais, se lá na frente... bem... *eles* sabem. Só que eu estou em busca de otimizar meu TEMPO AQUI. Há de se fazer mais, por mais gente, diz a voz de um bando de garotas, atrás da minha orelha. Um bando de garotas e uma Força que vem de outro lugar. Nunca consegui encaixar essa Força em nenhum conjunto pré-definido de concepções. Não me sinto mais culpada por isso. Mas essa Força que tem guiado minha vida, desde que nasci, é a garantia de que é possível, sim, fazer mais e melhor para mais gente. Amar os outros a ponto de dedicar-lhes meu TEMPO, o único que conheço, o que sai fora da definição que nos é dada, o AGORA, o momento, na dimensão atemporal, onde tempo não existe. Mesmo quando o Livro Sagrado diz: *Há tempo de nascer e tempo de morrer, tempo de plantar e tempo de arrancar o que se plantou* (Eclesiastes, 3:2), não acredito que estejam se referindo à duração dos fenômenos, mas o momento único dos propósitos.

Meus mentores dizem que é preciso de foco, fazer uma coisa só por tempo prolongado. Dizem que meu tempo é precioso para eu desperdiçar com certas tarefas. No entanto, para mim, o amor está no TEMPO. O amor está numa comida, numa roupa lavada, numa arrumação de papéis, numa leitura, num momento de realizar um plano de trabalho, num atendimento, num contato com o olhar de alguém. Quando se está no TEMPO do amor, não se pode perder tempo algum. Acho que é por isso que tantas vidas se perdem no tempo do relógio, enquanto outras se edificam, às vezes, em pouco tempo. Tão relativo. Lamentamos uma morte prematura, e não uma longa vida de tempo desperdiçado. Eu lamento isso. Lamento olhar nos olhos de um idoso, e ainda que ele esteja em pé, durante uma aula, ouvindo uma bela música, ele não está mais ali. Morreu faz tempo. Ou arrisco dizer, não viveu TEMPO algum. Gosto de ser os olhos emprestados pela Força, que ao buscar a centelha escondida nos recônditos do sofrimento, faz a conexão. Quanto mais humilde me torno, mais enfraqueço meu ego, mais a Força consegue me usar, fazer-me um instrumento. Humildade é enxergar a dimensão da Força e deixar-se refletir por ela, permitindo a conexão. Humildade para reconhecer e declarar que a garota estava errada:

NINGUÉM ESTÁ SOZINHO.

NÃO SE PODE FAZER NADA SOZINHO.

NÃO SE REALIZA SONHOS SOZINHO.

Nós precisamos de todos para conectar e acordar! Meus sonhos se referem a *eles*. Meu propósito está fundamentado *neles*.

Conectar está relacionado com acordar. É impossível não estar acordado quando você se conecta. Ainda que seu corpo esteja dormindo, você está acordado. Acordado do mundo das ilusões. Aquele que disseram que não é real. A vida que a maioria vive é que não é real, é muito mais um pesadelo. Estavam todos certos, eu não quero mesmo viver *neste mundo*. Quero viver no mundo real, onde tudo é possível.

Envelhecer é isso. Discordando das definições científicas, discordando dos conceitos básicos sobre o temido processo de envelhecimento, palavra marginalizada pelo senso comum, envelhecer é se perder no mundo das ilusões. ENVELHECER É

ACUMULAR O TEMPO DO RELÓGIO. Acumular medos, certezas absolutas, crenças fortalecidas, amarguras, acontecimentos revisitados milhares de vezes, verbos conjugados no pretérito imperfeito do subjuntivo: "E se...?", "E se...?". Além disso, é maltratar o corpo tempo demais. Sentar-se errado tempo demais, andar desalinhado tempo demais, comer errado tempo demais, deixar o corpo sem água suficiente, viver sob a droga fisiológica do estresse e da ira, deixar o corpo inerte, sem o movimento. A obra prima da Criação, capaz de movimentos em diversos planos e ângulos, em uma coreografia robótica e repetitiva, tempo demais. Ficar inconsciente tempo demais. Perder-se de si mesmo tempo demais. É assim que muitos chegam a mim. Nas deformidades da sua "casa", seu instrumento de trabalho aqui, nas respostas lentas e confusas do seu cérebro, eu posso contar a história. A história coletiva, a voz da massa de caranguejos que nunca conseguiu sair do balde, porque era ali que todos estavam.

Precisei de toda uma trajetória para descobrir que minha vocação é AMAR. Tenho facilidade para amar. Tenho amor por *eles*. Tenho amor pelos filhos deles, que os tratam de forma impaciente, muitas vezes, por causa do medo e da dor que sentem ao vê-los envelhecer e se aproximarem da viagem. Eles pensam que vão perdê-los. A saudade é um grande monstro que se deve enfrentar, nas armadilhas do tempo. A gente sente medo, mesmo. São nossos heróis! E, ainda assim, eles padecem, um dia. A impaciência vem da negação de uma realidade, de uma condição desconhecida, da colheita do que se plantou com o tempo. Essa pessoa que precisa de ajuda para se levantar nada se parece com o homem, com a mulher que o conduziu (pelas mãos) por uma vida. É a sina dos filhos. Não precisaria ser assim. Eu sei. A resposta está no programa da televisão, no conselho do médico, no convite do agora, nos livros de fisiologia que o meu próprio pai não quis aprender. Cedo ou tarde, estaremos no aeroporto. Eu só desejo ter contribuído com algo que *eles* possam levar em sua bagagem. Algo que não pode perecer, tal como a verdade sobre eles também não perece, e a única coisa que consigo pensar para esta bagagem é o amor que nos mantém ligados, como um cordão umbilical, fora do tempo.

Precisei de toda uma trajetória para entender o choro da menina. A menina que assistiu inúmeras vezes ao filme favorito da mãe: *Fernão Capelo Gaivota*. Não entendia o filme. No entanto, em determinado ponto, chorava, chorava, descontroladamente. Minha mãe questionava o motivo do choro, mas eu nada podia explicar. Passiva, alheia aos meus sentimentos, só restava esperar o dilúvio cessar. Esse fenômeno se repetia a cada vez que ela colocava a fita cassete no vídeo, para uma ou outra visita. *Não quero mais assistir a este filme*, decidi, um belo dia.

Uma última coincidência – por ora, o Mentor Águia me deu o livro *Fernão Capelo Gaivota*. A menina resistiu. A mulher sabia que ali havia uma resposta. Lemos.

A primeira cena do filme veio à tona na memória. Um bando de gaivotas à espreita do jantar: os restos de peixes mortos do barco pesqueiro. Assim que os lançavam ao mar, elas voavam com urgência, decididas a brigar pelo maior prato. Machucavam-se no processo. Sangravam. E, como prêmio pelo seu êxito, fartavam-se de peixes podres. Fernão Capelo Gaivota não compreendia isso. Abdicava dos restos de comida para aprimorar a arte de voar. Contemplar a bênção das asas, seu maior patrimônio. Voar alto! Voar sem limites. Se há uma imensidão de céu, por que não para mim? Pensava. Assim, voando alto, seria capaz de manobras que lhe proporcionariam os mais frescos salmões. Ao seu modo de enxergar, eles mereciam tal regozijo. Treinou. Treinou. Superou obstáculos. Solucionou problemas. Teve êxito. Seu resultado logo foi conhecido. Estava pronto para compartilhar com o bando suas técnicas e despertar a todos. Foi expulso por quebrar as tradições do bando. Ficou só. Viveu só. Morreu só. Mas voou como nenhuma gaivota poderia. Voou na verdade do tempo, e nunca perdeu tempo algum. Não trocaria isso por nada. Ao contrário, por amor, desejava isso para todos. Numa nova dimensão, encontrou semelhantes. Pela primeira vez, estava em um lugar onde outros o compreendiam. Deixou de olhar para baixo (em busca da atenção dos inconscientes) e passou a se inspirar naqueles que estavam à frente do tempo. Evoluiu ainda mais. Compreendeu essa coisa do amor e do tempo. O amor não existe na dimensão do espaço e do tempo, ele está *sempre* acima disso. PRESTE ATENÇÃO. OLHE PARA TODO AMOR QUE EXISTE EM VOCÊ, DIGA-ME SE ISSO NÃO É VERDADE. Despediu-se de sua nova família. Decidiu voltar para inspirar e acordar as gaivotas daqui, ainda que não fosse compreendido. Ainda que fosse banido. Ainda que fosse condenado, morto, ainda que sentisse dor, ciente que aquelas gaivotas não estariam preparadas para ouvir suas lições de voo. Ainda assim, por amor, decidiu enfrentar o desafio, mesmo que fosse apenas por uma única gaivota.

Viu, menininha? Você sabia. Só não tinha como me contar, sem que eu tivesse inferno suficiente para despertar, sem a história que iria me tirar o véu da ilusão.

Eles estão te esperando. Antes do aeroporto, precisam das aulas de voo.

Agora, vamos voar!